차례

들어가는 말 5
박차 달린 장화 13
이탈리아어를 할 줄 아나요? 16
모든 길은 로마로 통한다 20
로마의 거인 24
세상에서 가장 작은 나라 28
교회 안의 벌거숭이들 33
영화로 유명한 트레비 분수 36
초콜릿 샌드위치 40
얽혀 있는 두 개의 G 44
에스프레소 커피 47
특별한 바이올린 50
세기의 로맨스 52
물 위의 리무진 54
아쿠아 알타, 고무장화를 신고 58
가면무도회 60
접시 위의 화가 66
카사노바! 68
기름진 볼로냐 70

그래도 돈다	76
똑바로 서!	80
바퀴 달린 동물원?	82
이탈리아의 아이스크림, 젤라또	87
천재 중의 천재	90
닭 그림의 포도주 '키안티'	94
왕비님의 채소	98
오, 마르게리타!	102
오 솔레 미오!	106
어떤 파스타를 원하나요?	110
포크 위의 역사	112
아주리, 골!	114
폭발하는 산	118
돈 코를레오네	122
올리브유와 올리브 나무	124
흰색의 광대	126
낮잠 시간, 시에스타	130
단어집	132
이탈리아 요리를 만들어 봐요	136

글 모니카 우스틱-스트루가와 (Monik Utnik-Stugała)

인테리어 잡지인 《베란다》에서 8년 동안 이탈리안 디자인 분야 전문 기자로 일했습니다.
《맘마미아, 이탈리아》는 작가의 첫 번째 어린이책입니다.

그림 안나 와데츠카 (Anna Ładecka)

일러스트레이터이며 화가입니다. 바르샤바 국립 미술원을 졸업하고 마르세이유에서 유학한 후,
파리와 폴란드에서 활동하고 있습니다. 바르샤바 판화전에서 6회나 수상하였으며
어린이책 일러스트레이션 뿐 아니라 패션지에서 잡지 일러스트레이터로도 일하고 있습니다.

옮김 이지원

한국외국어대학교에서 폴란드 어를 공부하고 폴란드에서 어린이책 일러스트레이션의 역사를 연구해
박사 학위를 받았습니다. 현재 학생들을 가르치며 어린이책 연구가로 활동하고 있습니다.
옮긴 책은 〈풀빛 지식 아이〉 시리즈의 《꿀벌》과 〈예술 쫌 하는 어린이〉 시리즈의 《생각하는 건축》
《상상하는 디자인》《꿈꾸는 현대 미술》《표현하는 패션》《아이디어 정원》과 《또 다른 지구를 찾아서》
등이 있습니다.

책으로 여행하는 아이 ②

맘마미아, 이탈리아

초판 1쇄 발행 2017년 8월 25일 | 초판 3쇄 발행 2019년 7월 15일

글쓴이 모니카 우스틱-스트루가와 | 그린이 안나 와데츠카 | 옮긴이 이지원 | 펴낸이 홍석 | 전무 김명희 | 편집부장 이정은
편집 차정민·이선아 | 디자인 조은화 | 마케팅 홍성우·이가은·김정혜·김정선 | 관리 최우리 | 펴낸곳 도서출판 풀빛
등록 1979년 3월 6일 제8-24호 | 주소 서울특별시 서대문구 북아현로 11가길 12 3층 (북아현동, 한일빌딩)
전화 02-363-5995(영업) 02-362-8900(편집) | 팩스 02-393-3858 | 전자우편 kids@pulbit.co.kr
홈페이지 www.pulbit.co.kr

ISBN 979-11-6172-009-8 74920 · ISBN 979-11-6172-007-4 (세트)

이 도서의 국립중앙도서관 출판예정도서목록(CIP)은 서지정보유통지원시스템 홈페이지(http://seoji.nl.go.kr)와
국가자료공동목록시스템(http://www.nl.go.kr/kolisnet)에서 이용하실 수 있습니다. (CIP제어번호:CIP2017017071)

Mamma mia by Monika Utnik-Strugała ⓒ 2015 by Wydawnictwo Dwie Siostry
ⓒ Copyright for the text by Monika Utnik-Strugała, 2015
ⓒ Copyright for the illustrations by Anna Ładecka, 2015
ⓒ Copyright for this edition by Wydawnictwo Dwie Siostry, Warszawa 2015
Korean Translation Copyright ⓒ 2017 by PULBIT publishing co.
All rights reserved.
The Korean language edition published by arrangement with Wydawnictwo Dwie Siostry, Seoul.

이 책의 한국어판 저작권은 Wydawnictwo Dwie Siostry 와의 독점 계약으로 "도서출판 풀빛"에 있습니다.
저작권법에 의해 한국 내에서 보호를 받는 저작물이므로 무단전재와 무단복제를 금합니다.

 This publication has been supported by the ⓒPOLAND Translation Program.
이 책은 폴란드 북 인스티튜트의 지원을 받아 제작하였습니다.

*이 책에 나오는 지명과 인명은 국립국어원의 외래어 표기법을 기준으로 하였습니다.
*책값은 뒤표지에 표시되어 있습니다.
*파본이나 잘못된 책은 구입하신 곳에서 바꿔드립니다.

품명 아동 도서	사용연령 8세 이상
제조국 대한민국	제조년월 2019년 7월 15일
제조자명 도서출판 풀빛	연락처 02-363-5995
주소 서울특별시 서대문구 북아현로 11가길 12 3층 (북아현동, 한일빌딩)	
주의사항 종이에 베이거나 긁히지 않도록 조심하세요. 책 모서리가 날카로우니 던지거나 떨어뜨리지 마세요.	
KC마크는 이 제품이 공통안전기준에 적합하였음을 의미합니다.	

맘마미아, 이탈리아

아냐를 위해서

맘마미아, 이탈리아

호기심 많은
아이를 위한 문화 여행

모니카 우스틱-스트루가와 글
안나 와네즈카 그림 | 이시원 옮김

'**피**자와 스파게티의 나라'로 유명한 이 나라는 어느 나라일까요? 바로 **이탈리아**입니다. 이탈리아는 유럽 대륙의 반도 국가로 한 면은 육지와 접하고 삼면이 바다로 둘러싸였어요. 이탈리아의 정식 명칭은 '이탈리아 공화국'이에요.

이탈리아에는 세계적으로 유명한 것이 한둘이 아니에요. 음식을 좋아하는 사람이라면 이탈리아의 피자와 스파게티를 알 테고요, 축구를 좋아하는 사람은 이탈리아의 세계적인 축구 선수 비에리와 파울로 말디니를, 패션에 관심이 많은 사람은 패션의 도시인 밀라노를, 영화를 좋아하는 사람은 《시네마 천국》이란 이탈리아 영화와 '베니스 국제 영화제'를 알 거예요.

지도에서 이탈리아를 보면 긴 장화처럼 보여요. 이탈리아는 유럽

동쪽에 있는데 프랑스, 스위스, 독일, 오스트리아, 슬로베니아와 국경이 접해 있어요.

이탈리아는 **아펜니노 반도**에 놓여 있는데 '아펜니노'란 이름은 이탈리아 반도를 남북으로 지나는 아펜니노 산맥에서 따왔어요. 해안에는 뾰족한 사이프러스 나무와 소나무가 자라고 있고, 구불구불한 길가엔 레몬 나무와 백 년도 넘게 자란 올리브 나무들이 있었요. 봄에는 잎이 대나무 잎을 닮은 협죽도 꽃과 손바닥 선인장 꽃들이 피고, 겨울에는 남쪽에 있는 시칠리아섬에서 오렌지가 익어요.

이탈리아에는 유럽 절반을 덮을 만큼 유적과 역사적인 기념물이 많아요. 로마 역사가 2,500년도 더 되었다는 걸 생각해 보면 별로 이상한 일도 아니지요. 로마는 서양 문명을 대표하는 도시로, 처음엔 **티베르강**에 세워진 작은 **도시 국가**였어요. (20-26쪽을

보세요.) 로마는 주변 국가들을 정복하며 아프리카 북부 해변에서
부터 지금의 영국, 스페인, 터키에 이르는, 광대한 로마 제국을
건설했었어요. 로마 제국이 멸망한 후에 아펜니노 반도에 수많은
왕국들과 공국들이 생겨났고, 한때 독일과 이탈리아, 스페인,
프랑스 사람들이 지배하기도 했어요. 그러다 지금으로부터 150여
년 전에 이 모든 나라가 한 나라로 합쳐졌어요. 그래서 이탈리아를
'이탈리아 공화국'으로 부르는 것이에요. 공화국이란 누가 나라를
다스릴지에 대해 국민 전체가 함께 정하는 공화 정치를 하는
나라예요.

이탈리아는 알수록 근사한 나라예요. 그럼 함께 이탈리아에 대해
알아볼까요? 가방에 지도와 유로를 넣어요. 이탈리아에선 돈을
다른 유럽 국가처럼 유로(Euro)를 씁니다. 이탈리아에 가서 피자와
스파게티를 먹고, 곤돌라도 타고, 피사의 사탑을 오르고
미켈란젤로의 그림을 감상하고 아주리 팀과 골을 넣는 거예요!
이탈리아에서는 지루할 틈이 없답니다.
부온 비아지오, 좋은 여행 되세요!

라노
4.

산 마리노
12.

이탈리아

수도: *로마*

면적: *301,340제곱미터*

인구: *6천1백만*

언어: *이탈리아어*

아브루조
국립 공원
17.

폼페이
18.

베수비오
19.

바리
20.

나폴리
22.

코를레오네
24.

팔레르모
25.

에트나
26.

아그리젠토
27.

1. 투린 – 투린은 맛있는 디저트인 자바요네 크림과 피아트 자동차를 처음 만든 곳이에요. (41쪽을 보세요.)

2. 가르다 호수 – 이탈리아에서 가장 큰 호수로 파도를 타는 윈드서핑 경기가 열려요.

3. 돌로미티 – 스키어들의 천국! 가장 높은 산봉우리는 마르몰라다로 해발 3,342미터입니다.

4. 무라노 – 베네치아에서 멀지 않은 곳으로 7개의 섬이 다리로 이어졌어요. 유리로 만든 꽃병은 꼭 사야 하는 기념품이지요.

5. 제노아 – 항해사이자 여행가인 콜럼버스의 고향입니다.

6. 밀라노 – 패션의 수도예요. 몬테나 폴레오네 거리와 스피가 거리에서 머리부터 발끝까지 단장해 보세요. (45쪽을 보세요.)

7. 베로나 – 사랑에 빠진 모든 이들이 꼭 방문해야 하는 곳이에요. 로미오와 줄리엣의 집을 볼 수 있어요.

8. 베네치아 – 물 위의 도시로 해마다 세계적인 축제가 열린답니다. (54, 58, 60쪽을 보세요.)

9. 비아레조 – 바닷가의 인기 있는 휴양지로 넓은 해변에 고색창연한 호텔들이 있어요.

10. 볼로냐, 모데나, 파르마 – 맛있는 것을 좋아하는 사람들을 위한 장소들이에요. 볼로냐는 만두 모양의 파스타인 토르텔리니와 소시지인 모르타델라가, 모데나는 발사믹 식초로, 파르마는 프로슈토 햄으로 유명해요. (70쪽을 보세요.)

11. 피렌체 – 회화를 좋아하는 사람들을 위한 도시로 우피치 미술관에는 세상에서 가장 유명한 그림들이 걸려 있어요.

12. 산 마리노 – 삼각형 모양의 우표로 유명한 산 마리노 공화국이에요.

13. 피사 – 무엇보다도 피사의 사탑으로 가장 유명하죠. (80쪽을 보세요.)

14. 키안티 – 그림 같은 언덕들, 바로 이 언덕에서 자란 포도로 세계적으로 유명한 붉은 포도주 키안티를 만든답니다.

15. 로마 – 이탈리아 수도예요. 전설에 따르면 3,000여 년 전에 로물루스가 세웠다고 해요.(20, 24쪽을 보세요.)

16. 바티칸 – 세상에서 가장 작은 나라로 교황님이 있는 곳이죠. (28쪽을 보세요.)

17. 아브루조 국립 공원 – 가파른 봉우리, 빽빽한 숲, 그림 같은 강들과 야생 동물들의 천국.

18. 폼페이 – 베수비오 화산 폭발로 파괴된 고대 도시. 1500년이나 잿더미 속에 파묻혀 있다가 발견되었어요.(118쪽을 보세요.)

19. 베수비오 – 전 세계에서 가장 위험한 5대 활화산 중 하나로 1944년에 폭발한 적이 있어요.(118쪽을 보세요.)

20. 바리 – 보나 스포르차의 고향으로 보나 스포르차는 폴란드에 이탈리아 야채를 전래한 왕비예요.

21. 빌라치드로 – 사르데냐섬의 빌라치드로에는 마녀들이 산다는 소문이 있어요.

22. 나폴리 – 유명한 '오 솔레 미오!'는 바로 나폴리 노래예요. (106쪽을 보세요.)

23. 트라파니 – 어부들이 거대한 참치를 낚는 곳입니다.

24. 코를레오네 – 영화에 나오는 유명한 마피아 코를레오네가 태어난 곳이에요.(122쪽을 보세요.)

25. 팔레르모 – 시칠리아 수도로 800년이나 된 유명한 부치리아 시장에서는 생선과 야채와 과일을 살 수 있답니다.

26. 에트나 – 유럽에서 가장 큰 화산. 아직도 연기를 내뿜고 있어요. 그래서 3,330미터인 높이도 화산재 때문에 때때로 변한답니다.

27. 아그리젠토 – 2,500년이나 된 신전 유적지예요.

박차 달린 장화

유럽에서 신문을 읽다 보면 '이탈리아 장화가 유럽을 빛나게 한다.'나 '이탈리아 장화 여행'이란 문구를 볼 거예요. 이게 무슨 말일까요? 이탈리아 장화의 가치가 높다는 걸까요? 그래서 이탈리아 장화를 구경하는 여행을 말하는 걸까요?

눈치가 빠른 어린이라면 금세 알아차렸을 거예요. 앞서 이탈리아가 목이 긴 장화 모양의 나라라고 했으니까요. **이탈리아 장화**는 유럽 신문 기자들이 이탈리아를 부르는 별칭이에요.
아펜니노 반도의 긴 부분은 장화의 긴 목과 같고, 톡 튀어나온 가르가노 반도의 모습은 장화에 달린 박차(박차는 말을 탈 때 발에 거는 둥근 톱니 모양 장식이에요.)를, 남동쪽 바다로 뻗어 나온 곳은 장화의 굽을, 마지막으로 시칠리아섬은 장화 앞코와 같지요.

이탈리아 장화가 진짜 장화라면 이 장화를 신고 시내에 나갈 수는 없을 거예요. 왜냐하면 장화 맨 위쪽에 세 개의 구멍이 났거든요. 이탈리아에서 가장 큰 호수인 마조레, 코모, 가르다 호수예요. (15쪽을 보세요.) 또, 호수에서 조금 내려가면 길게 찢어진 곳도 있어요. 바로 652킬로미터나 되는 파드강이랍니다. 장화 목을 따라 위에서부터 아래까지 곧 구멍이 날 것처럼 부풀어 오른 건 아페니노 산맥 때문이에요. 어때요, 구멍 나고, 찢어진 장화는 절대 못 신고 나가겠죠?

이탈리아는 **20개의 지역**으로 나눠져 있어요. 북쪽의 롬바르디아, 리구리아, 토스카나 등에는 공장과 제철소, 대리석 채석장 등이 많아요. 남쪽의 캄파냐 칼라브리아 사람들은 주로 농사를 지으며 살아요. 프랑스와 접한 국경 지대인 피에몬테 지역은 산악 지역이지만, 수도 로마가 위치한 라치오 지역은 평평한 평지예요. 이탈리아 장화 굽 부분에 위치한 풀리아 지역은 푸른 바다 위에 깎아내린 듯한 절벽 그리고 고풍스러운 주택, 올리브의 푸른 밭 등 어느 곳을 봐도 한 폭의 아름다운 그림 같답니다.

오렌지와 진한 커피, 달콤한 모스카토 포도주로 유명한 시칠리아는 이탈리아에서 가장 큰 섬으로 인기가 많은 휴양지예요. 이탈리아에는 섬들이 많은데, 올리브와 포도가 많이 나는 사르데냐는 장수하는 사람이 많은 섬으로 유명하답니다. 할리우드 스타들은 그림같이 아름다운 카프리섬(나폴리에서 배를 타고 갈 수 있어요.)에서 휴가를 보내는 것을 좋아해요. 이탈리아에서 가장 남쪽에 위치한 람페두사섬은 북아프리카와 가까워서, 아프리카 난민들이 바다를 건너 많이 와요. 그러다 보니 섬에 사는 사람의 수가 열 배나 늘어났답니다.

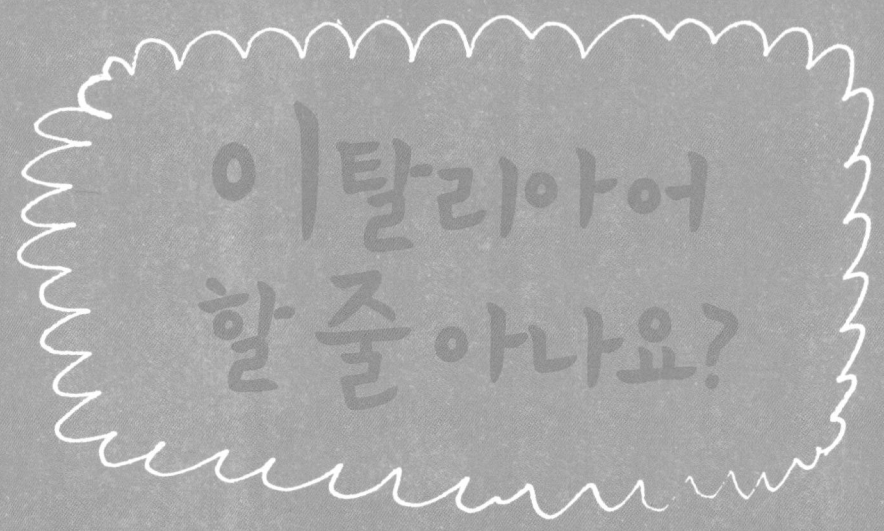

16 **이**탈리아 사람들끼리도 서로 대화가 잘 안 될 때가 있어요. 밀라노 사람은 수박을 **아우구리아**라고 말하고 시칠리아 사람은 **멜론 다꾸아**라고 말한다면 서로 대화가 잘 안 되겠지요. 어떻게 한 나라에 사는 사람들이 서로 다른 말을 쓸 수 있을까요? 이탈리아가 이탈리아 공화국이 되기 전에 아펜니노 반도에는 여러 작은 나라들이 모여 있었어요.
각 나라에서 쓰던 말은 모두 라틴어로, 옛 로마인들의 언어에서 왔지만 서로 상당히 달랐어요.

알프스 산맥 근처에 사는 사람들 말은 북쪽 지방 언어인 독일어와 비슷했어요. 남쪽 지역 말도 스페인어(스페인 사람들이 한때 지배했었어요.), 그리스어 (그리스 사람들과는 무역을 많이 했어요.), 아랍어(아프리카 지역에 살던 아랍인들이 자주 이탈리아 남쪽 지역을 침략했어요.)와 비슷했어요.

이탈리아 공통의 문법과 어휘는 **17세기 초반**이 되어서야 만들어졌어요. 피렌체 지역에 사는 교육 수준이 높은 시민들의 언어가 바탕이 되었는데, 이 언어를 만든 사람들은 유명한 작가인 **단테, 페트라르카, 보카치오**였답니다. 하지만 오랜 시간 익숙하게 써 온 말을 한 번에 바꾸기는 쉬운 일이 아니었어요. 결국 이탈리아에선 각 지역마다 그 지역에서 잘 쓰고 뜻이 통하는 말들이 있어요. 우리나라 **사투리**처럼요. 그래서 학교나 직장, 텔레비전과 신문에선 공식적인 이탈리아어를 쓰지만, 집에서는 자기 지역, 동네에서만 쓰는 표현을 쓴답니다.

사과(멜라)는 시칠리아 사람들은 '푸무'라고 부르고, 사르데냐 사람들은 '멜라사'라고 부른답니다. 이탈리아어로 '바소'인 꽃병을 나폴리 사람들은 '칸타로'라고 부르고, '먹다.'라는 뜻의 동사 '만자레'는 로마에서는 '마냐'라고 줄여서 말해요.

모든 길은 로마로 통한다

혹시 **"모든 길은 로마로 통한다."**라는 서양 속담을 아나요? 여러 방법을 써도 결국에는 한 가지 목표에 이르게 되는 상황을 뜻하는 속담이지요. 그런데 왜 하필이면 이탈리아 수도인 '로마'로 통한다고 했을까요? 워싱턴이나 북경이라고 하면 안 되나요?

2천 년 전, 로마 제국의 중심지는 지금의 이탈리아 지역이었어요. 로마 제국은 거의 전 유럽과 아프리카 일부, 서아시아까지를 다스리는 거대한 제국이었지요. 그러니 로마 제국의 수도인 로마는 세상에서 가장 중요한 도시로 여겨졌어요.

로마인들은 거대한 영토를 제대로 다스리고, 각 지역에 정보를 신속히 전하며, 상인들이 쉽게 오고 갈 수 있게 하려고 7만 킬로미터에 이르는 도로를 건설했어요. 2천 년 전에 만들었는데 아직도 남아 있는 도로가 많답니다. 가장 폭이 넓은 도로는 그 너비가 15미터나 되었어요. 대부분은 너비가 5미터가 넘지 않았지요. 주요 도로 옆으로는 인도와 수많은 숙소, 우체국 등이 있었어요. 어느 길가엔 마차에 오르기 편하라고 커다란 돌을 놓아둔 곳도 있답니다.

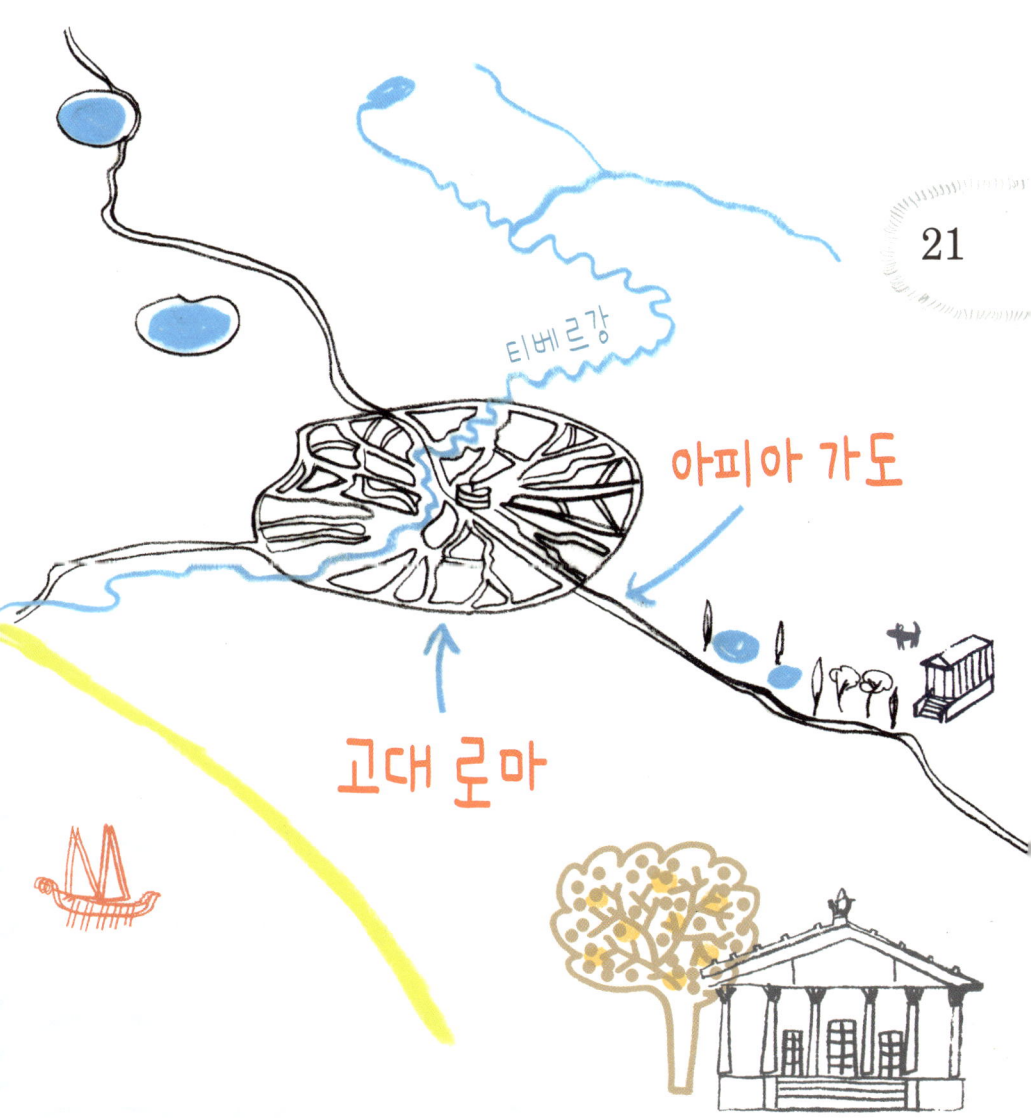

가장 중요한 길은 **아피아 가도**로 아펜니노 반도를 남북으로 가로지르는 길이에요. **플라미니아 가도**는 수도 로마를 북쪽과 잇는 길이고, **살라리라 가도**('소금 길'이라는 뜻이에요.)는 아드리아해의 소금을 실어 나르던 길이었어요. 이 길들은 모두 로마의 가장 중요한 광장이었던 **포룸 로마눔**에서 만난답니다. 그러니 어디서 출발하던 간에, 모든 길은 로마로 통하는 것이 맞지요?

바퀴의 발명을 '현대 인류사의 마일스톤'이라고 말해요. 커다란 변화를 일으킨 중요한 사건이라는 뜻이지요. 여기서 '마일스톤'은 무얼 뜻할까요? 마일스톤은 로마 제국 시대에 거리에 세워진 돌기둥으로 로마인들은 도로를 만들면서 20킬로미터에서 25킬로미터마다 마일스톤을 만들었어요. 아펜니노 반도의 로마에서 어느 정도 떨어진 곳인지를 알기 위해서지요. 오늘날 이와 비슷한 역할을 하는 것은 도로 이정표예요.

지금까지 발견된 마일스톤 수는 약 8천 개 정도예요. 가장 중요한 마일스톤은 포룸 로마눔에 세워져 있어요. 이 마일스톤은 다른 것들과는 다르게 금빛 판으로 덮여 있고 끝에 공 모양의 금으로 된 장식이 있어요. 그래서 황금의 마일스톤이라고 불렀답니다.

로마의 거인

수도 한복판에 이런 폐허라니요! 넘어진 기둥, 땅에서 불쑥 솟아 나와 있는 벽의 조각, 지금 공사 중인 걸까요? 아니면 허리케인이라도 몰아친 걸까요? 바로 **포룸 로마눔**, 고대 로마인들의 중앙 광장이랍니다. 옛날에는 텔레비전도, 신문도 없었어요. 그래서 사람들은 세상 돌아가는 이야기를 들으려고 광장으로 모였지요. 로마의 **포룸 로마눔**으로요. 사람들은 신전과 궁전 그늘에서 산책하며 서로 이야기를 나누곤 했어요. 가끔은 정치인들의 연설도 들었고요. 당시 광장 건물들은 어마어마하게 컸고, 화려하게 장식이 되어 있었는데 불행히도 지금까지 남아 있는 것은 많지 않아요. 다행히도 한 건물이 그나마 온전하게 남아 있어요. 포룸 로마눔에서 가까운 곳에 있어요.

콜로세움, 고대 로마인들의 원형 경기장이자 극장이지요. 로마인들은 콜로세움에서 야생 동물을 사냥하고, 검투사라고 불렸던 노예들의 겨루기를 구경했어요. 때론 경기장 전체를 물로 채우고 가상의 해상 전투도 열렸지요. 콜로세움에서 얼마 떨어지지 않은 곳에는 네로 황제 동상이 있어요. **네로 황제**는 '콜로소', '거인' 이라는 별명이 붙을 만큼 몸집이 컸다고 해요. 콜로세움이라는 이름은 네로 황제의 별명에서 따온 것이에요. 콜로세움은 7만 명의 관객을 한꺼번에 수용할 수 있었어요. 관객들은 80개의 입구로 들어왔지요. 지하에는 동물 우리와 통로, 그리고 비가 오면 객석 위를 덮는 방수 천으로 된 지붕을 움직이는 기계 장치가 있었어요.

검투사

얼마 전에 콜로세움에서 회벽 위에 그린 프레스코 벽화(33쪽을 보세요.)를 발견했어요. 지금의 콜로세움은 칙칙한 회색빛 벽으로 되어 있지만, 옛날에는 벽마다 눈부시게 하얀 대리석이 덮여 있었어요. 벽에 남아 있는 구멍 자국은 대리석 판을 꽂을 때 썼던 쇠막대기를 꽂았던 자국이지요. 약 500년쯤 전에 콜로세움의 대리석 판들을 떼어서 여러 건물을 짓는 데 썼어요. 그중에 **바티칸의 성 베드로 성당**(28쪽을 보세요.)도 있어요.

전설에 따르면 로마는 3,000년에 로물루스가 세웠어요. '로마'는 로물루스를 기념하기 위한 이름이지요. 로물루스와 로물루스 형제 레무스를 늑대가 길렀다고 해요. 그래서 '늑대'가 로마의 상징이에요. 포룸 로마눔 위쪽에 위치한 카피톨리노 언덕 위에 있는 박물관에는 늑대 젖을 먹는 로물루스와 레무스를 표현한 조각상이 있어요.

세상에서 가장 작은 나라

여러분이 로마에 가면, **성 베드로 성당**에 꼭 가 보세요. 성 베드로 성당은 세계에서 가장 큰 성당 중의 하나로 이곳에 가면 꼭 지붕에 올라가 보세요. 입구에서 엑스레이로 짐을 검사하고, 엘리베이터를 타고 몇 층을 올라간 후에 구불구불한 좁은 계단을 320개 오르면, 휴우, 땀이 좀 나겠죠? 하지만 눈앞에 펼쳐진 풍경은 올라간 노력이 아깝지 않답니다. 빨간 지붕의 물결, 기둥으로 둘러싸인 거대한 광장, 소나무와 향나무가 서 있는 아름다운 정원들. 그런데 가만 보니, 성당 주변이 벽으로 둘러싸여 있어요. 옛날에 벽은 국경을 의미했는데요, 여기는 이탈리아 수도 로마의 한복판이 아니었나요?

성 베드로 성당에 오른 사람은 지금 로마에 있으면서 로마에 있는 게 아니에요. **바티칸 시국**이라는 나라에 있는 것이에요. 바티칸 시국은 이탈리아 안에 있긴 하지만, 독립된 주권 국가예요. 바티칸

이탈리아에는 또 다른 작은 나라가 있어요. 바로 산 마리노 공화국이에요. 세계에서 가장 오래된 나라예요. 301년에 산 마리노라는 이름의 석공이 만든 나라로 삼각형 모양의 우표가 유명해요. 수집가들이 아주 귀하게 여기는 우표랍니다.

성 베드로 성당

시국엔 자체적으로 운영하는 우체국, 방송국, 신문사, 소방서, 주유소와 경찰서도 있어요. 작은 기차역까지 있지요. 바티칸 시국 시민은 주로 성당 신부님들과 수녀님들입니다.

세계에서 가장 작은 나라인 바티칸 시국은 한 시간이면 둘러볼 수 있어요. 바티칸 시국의 이름은 라틴어(16쪽을 보세요.) 중에 '미래를 예언하는'이란 뜻의 **'바티치니우스'**와 '노래하다'는 뜻의 **'칸타레'**에서 유래했어요. **'예언자의 도시'**라는 뜻이지요.
고대 로마 시대 사람들은 자기의 미래를 알려고 이곳을 방문했을 거예요. 지금은 전 세계 가톨릭 신자들이 성당에서 기도를 하고 교황을 보러 방문한답니다. 왜냐하면 바티칸을 다스리는 사람이 교황이기 때문이에요.

교황은 가톨릭교회 수장으로 가톨릭을 믿는 사람들에게 영적인 지도자예요. 중세 유럽 역사에서 황제와 대립할 만큼 강력한 힘을 가진 존재였기도 했어요. 강력한 군대를 가진 것도 아닌데도 말이에요. 오늘날 교황은 종교적인 역할은 물론, 종교와 국경, 인종을 떠나 인류의 평화를 위한 지도자로 인정받고 있어요. 현재 교황은 **프란치스코 교황**으로 얼마 전에 우리나라를 방문하기도 하였답니다.

교회 안의 벌거숭이들

교황이 서거하면(죽어서 세상을 떠나면) 바티칸(28쪽을 보세요.)으로 전 세계 추기경(가톨릭교회의 가장 높은 신부)들이 새 교황을 선출하려고 모입니다. 투표는 성 베드로 성당 옆에 있는 **시스티나 성당** 안에서 이루어져요. 시스티나 성당은 500년 전에 교황이었던 식스투스 4세를 위해 세운 기도실이었어요. 시스티나 성당은 **미켈란젤로**가 프레스코 기법으로 그린 그림으로 유명하답니다. 미겔란젤로는 그림을 그리는 걸 그다지 좋아하지 않았어요. 조각하는 걸 더 좋아했지요. 그런 미켈란젤로에게 교황 율리우스 2세가 시스티나 성당의 천장에 그림을 그리라고 청했을 때, 미켈란젤로는 온갖 노력을 다 해 가며 거절하려고 했어요. 하지만 교황은 받아들이지 않았고 미켈란젤로는 교황처럼 중요한 사람의 주문을 거절할 수 없었지요. 마지못해 미켈란젤로는 일에 착수했어요.

미켈란젤로는 어떤 그림을 그릴지 구상했고, 천지를 창조하는 때부터 대홍수의 시대까지를 그리기로 했어요. 무려 4년이나 걸렸어요. 천장에 그리는 것이어서, 미켈란젤로는 사다리 위에 올라 고개를 뒤로 꺾고, 거의 몸을 눕힌 채로 그림을 그렸답니다. 그로부터 22년 후, **교황 클레멘스 17세**는 미켈란젤로에게 시스티나 성당 제단 뒷벽에 최후의 심판을 그려 달라고 부탁했어요. 결국 미켈란젤로는 대리석을 조각하는 일을 7년이나 그만둘 수밖에 없었어요. 이때 미켈란젤로는 당시엔 굉장히 보기 드문, 수염이 나지 않은 예수 그리스도 모습을 그렸답니다. 미켈란젤로의 그림은 큰 반향을 일으켰어요. 어떤 사람들은 그림 속 인물이 살아 있는 것처럼 생생하게 그려져서 좋아했고, 어떤 사람들은 성스러운 성당에 이렇게 많은 사람들이 벌거벗고 있을 수 없다고 생각했답니다.

미켈란젤로는 인체에 흥미를 가지고, 오랫동안 인체의 구조를 연구했어요. 뼈와 근육이 진짜 어떻게 보이는지 알려고 몰래 시체 해부도 했었죠. 당시에 인체 해부는 금지되어 있는데도 말이에요. 이런 지식 덕분에 미켈란젤로의 사람 그림이 그렇게 훌륭한 걸지도 몰라요. 하지만 모두들 그의 그림을 높게 평가한 건 아니었어요. 몇 년이 지난 후 교황 바오로 4세는, 성당에 저렇게 많은 벌거숭이들이 있어서는 안 된다며 엉덩이에 천을 두르게 그리도록 시켰어요. 미켈란젤로의 그림에 덧칠한 건 다니엘레 다 볼테라는 화가였어요. 이 작업 때문에 다니엘라는 '팬티 화가'라는 별명이 붙었답니다. 얼마 전에 있었던 복원 작업에서 다니엘라가 그린 천 그림 중 일부를 벗겨 낼 수 있었답니다.

영화로 유명한 트레비 분수

한 밤중에 로마 거리에 검정 드레스를 입은 여자와 양복 차림의 남자가 걷고 있어요. 여자가 흰 고양이를 발견하고 남자에게 고양이에게 줄 우유를 구해 달라고 부탁해요. 남자를 기다리며 여자는 로마 골목을 산책하다 거대하고 아름다운 분수가 있는 작은 광장에 다다릅니다. 여자는 분수 안으로 들어가고, 남자가 나타나자, 여자는 남자에게 분수 안으로 들어오라고 해요. 물소리에 가려진 둘의 목소리만 들리는데…….

영화사에 길이 남는 영화 **《달콤한 인생》**의 한 장면이에요. 50년 전에 찍은 이탈리아 영화예요. **페데리코 펠리니** 감독이 찍었는데, 앞의 장면에 나오는 두 배우는 아름다운 금발의 아니타 에크버그와 미남 배우 마르첼로 마스트로얀니이고 장소는 로마의 **트레비 분수**랍니다.

트레비 분수는 로마의 좁은 골목길을 걷다 갑자기 마주쳐요. 광장 전체를 거대한 분수가 차지하고 있지요. 한가운데는 로마 신화에 등장하는 바다의 신 넵튠의 조각상이 있어요. 마차를 타고 있는데 마차를 끌고 있는 것은 말이 아닌 상상의 동물로, 한 마리는 얌전히 있고, 한 마리는 날뛰는 동작으로 마치 지금이라도 물속으로 뛰어들 것처럼 보여요.

트레비 분수에 동전을 던진 사람은 로마에 다시 올 거라고 해요. 그래서 로마에 온 관광객들은 트레비 분수에 꼭 동전을 던집니다. 분수 바닥에 동전이 쌓이니, 몰래 뜰채로 동전을 건져 가는 도둑이 생겨서 시 관계자들은 주기적으로 돈을 건져 내 가난한 사람을 위해 쓰고 있어요.

그런데 영화 속 주인공들처럼 트레비 분수 안에 들어가는 건 하면 안 돼요. 트레비 분수에 들어가는 건 엄격히 금지되어 있으니까요. 예외적인 상황도 있었어요. 이탈리아가 월드컵에서 우승한 2006년이있지요. (116쪽을 보세요.) 수많은 사람들이 트레비 분수로 뛰어들었고, 경찰도 기쁨에 찬 축구 팬들의 장난기를 눈감아 주었어요.

39

트레비 분수 외에도 나보나 광장에 있는 4대 강 분수가 유명해요. 조각가이자 건축가인 베르니니가 설계한 분수로 세계에서 가장 길고 큰 강인 나일강, 도나우강, 갠지스강, 리오 그란데강을 상징하는 조각이 장식되었어요. 스페인 광장 스페인 계단 아래에는 베르니니의 아버지가 설계한 바르카치아 분수가 있어요. 반쯤 가라앉은 배 장식이 분수 중앙에 있지요. 이 배는 400년 전 티베르강이 범람했을 때, 배가 광장까지 왔던 일에 영감을 받아 조각한 것이랍니다.

초콜릿 샌드위치

40

'**경**쟁'해서 좋은 물건이 나오기도 합니다. 70년 전에 이탈리아 사람들은 미국의 땅콩버터를 부러워했어요. 땅콩버터에 지지 않겠다는 생각으로 그보다 뛰어난 것을 만들고 싶었어요. 그리고 결국 이 작업을 해낸 건 조반니와 피에트로 페레로 형제예요. 조반니와 피에트로 페레로 형제는 북부 지방의 피에몬테에 있는 작은 도시인 알바에서 초콜릿 공장을 하고 있었어요. 형제는 초콜릿의 원료인 카카오를 헤이즐넛과 섞어 견과를 뜻하는 영어 '**너트(nut)**'와 이탈리아어의 어미

'엘라(-ella)'를 붙여 '누텔라(nutella)'를 만들었어요.
그런데 피에몬테 지역에서 만든 맛있는 음식은 한 둘이 아니에요. 계란 노른자와 달콤한 포도주와 밤을 섞어 만든 **자바요네 크림**도 있고요. 최초의 **초콜릿바**도 피에몬테 지역에서 처음 만들어졌어요. 피에몬테주의 수도인 토리노에서는 150년 전에 견과류가 들어간 **너트 초콜릿**을 처음 만들었어요. 사실 일부러 만들려고 한 건 아니에요. 우연히 만들어졌지요. 어느 날, 카파렐 과자점에 카카오가 떨어졌는데 어디에서도 구할 수가 없었어요. 그래서 갈색의 초콜릿 가루 남은 걸 헤이즐넛 조각과 반반 섞었답니다. 그리고 작은 삼각형의 초콜릿을 만들어 은박 포장지에 쌌지요. 이런 모양의 초콜릿을 **잔두이오토**라고 해요. 산누이오토는 이발리아의 선통극인 **코메니아 델라르테**(126쪽을 보세요.)에 나오는 인물의 이름이랍니다.

피에몬테에는 초콜릿을 좋아하는 사람들만 아니라 자동자 애호가들도 종종 옵니다. 토리노 공장에서 100년 전에 만들어진 최초의 피아트(83쪽을 보세요.) 자동차 모델들을 구경할 수 있어요. 토리노 대성당에서는 토리노의 수의도 볼 수 있지요. 토리노의 수의는 예수의 시신을 쌌다는 모시로 짠 천으로 예수의 몸 자국이 찍혔다고 합니다. 사실인지는 아직까지도 확실히 알 수 없지만요

피에몬테는 길고 딱딱한 **그리시니**로도 유명해요. 그리시니는 약 300년 전에 비토리오 아마데오 2세를 위해 만든 빵이에요. 공작은 소화가 잘 안 되어서 의사를 찾아갔는데, 의사가 공작에게 빵의 바삭한 겉만 먹으라고 했어요. 하지만 어떻게 공작이 빵을 껍질만 뜯어 먹을 수 있었겠어요. 그래서 안토니오 브루네로라고 하는 궁전 요리사가 공작이 우아하게 빵의 바삭한 부분만 먹을 수 있게 바삭하며 길쭉한 그리시니 빵을 만들었답니다.

얽혀 있는 두 개의 G

구초 구치

두 개의 G자가 서로 얽혀 있는 모양의 상표가 붙은 구두, 가방, 숄, 안경을 본 적 있나요? 그건 1900년도에 피렌체에 살던 살던 한 아저씨가 만든, 세계에서 가장 유명한 회사 마크랍니다. 회사를 세운 아저씨 이름은 구초 구치예요. 어렸을 때 구초 구치는 아버지가 모자를 만드는 걸 도왔어요. 하지만 그 일을 좋아하지는 않았어요. 저녁마다 구초 구치는 고급 호텔인 **프린시페 디 사보이아** 앞으로 뛰어가 멋지게 차려입은 도어맨을 구경했어요. "도어맨이 되려면 어떻게 해야 하나요?"라고 도어맨에게 묻자 "런던 사보이 호텔로 가렴."이라고 도어맨이 대답했어요. 몇 년이 지난 후 구치는 소원을 이루려고 런던 사보이 호텔로 찾아가, 도어맨이 되고 싶다고 말했어요.

처음에 구치는 거절당했지만, 매일 호텔을 찾아가 고집스럽게 일자리를 찾았어요. 한 달이 지나자 호텔 주인이 말했어요.

"그럼 그릇을 닦도록 해."

구치는 호텔에서 시키는 일은 무조건 다 해서, 도어맨에서 금방 승진을 했어요. 여기서 승진은 부자 여행객들의 구두를 닦는 일을 하는 것이었지요. '여행객들은 우아한 가죽으로 된 모카신을 신고 커다란 여행 가방을 들고 다녀요.' 구치는 부모님에게 보내는 편지에 이렇게 썼어요. 그리고 자기도 저런 가방을 만들어서 팔겠다고 결심해요. 구치는 고향 피렌체로 돌아와 결혼을 하고 가족들을 먹여 살리려고 닥치는 대로 일했어요. 운전사도 하고, 요리사도 하고, 말굽에 대는 U자 모양 편자도 갈고, 심부름꾼도 했어요. 돈을 모은 구치는 몇 년 만에 첫 번째 자기 가게를 열었어요. 가게는 바로 큰 성공을 거뒀어요. 가게가 잘 되자, 구치는 가죽 핸드백과, 구두와 옷도 만들기 시작했고 구치의 가게로 유명한 배우들과 귀족들이 와서 물건을 샀어요. 구치의 명성은 지금까지도 세계에 널리 알려져 있답니다.

세계적으로 유행하는 옷을 입고 싶은 사람이라면 기꺼이 밀라노에 갈 거예요. 밀라노는 패션의 수도지요. 비아 몬테나폴레오네와 비아 스피가는 밀라노의 가장 호화로운 거리 이름이에요. 아르마니, 페라가모, 발렌티노 같은 유명 디자이너들의 가게가 이곳에 있답니다.

에스프레소 커피

세상에서 가장 맛있게 커피를 만드는 사람은 누구일까요? 물론 이탈리아 사람들이에요. 하지만 우리가 아는 유명한 이탈리아 에스프레소는 어느 불만족스러운 사장이 없었다면 만들어지지 않았을 거예요.

100년 전에 밀라노에서 있었던 일이에요. **루이지 베체라**라고 여러 작은 공장을 가진 사장이 있었어요. 불행히도 루이지의 회사는 사업이 잘 되지 않았어요. 루이지는 왜 그런 걸까 이유를 고민하다가 다음과 같은 결론을 내립니다. 일하는 사람들이 회사에서 커피를 마시는 시간이 너무 길기 때문이라고요. 사람들이 커피를 마시느라 일하는 시간이 줄어서 이익도 적어진다고 생각했어요. 그렇다면 해결 방법은 한 개 밖에 없었어요. 커피를 빨리 만드는 기계를 발명하는 거예요.

루이지는 팔을 걷어붙이고 일에 착수했어요. 그리고 곧, 전 세계에 자신의 발명품을 선보였죠. 티포 기간테라고 부르는 에스프레소 기계는 커다랗고 쓰기도 불편했지만, 루이지의 소원은 이루어졌어요. 커피를 만드는 시간을 반으로 줄여 일하는 사람들이 커피를 마시는 시간도 짧아졌으니까요. 루이지의 기계에서 빠르게 뽑아내는 커피는 에스프레소라고 불렸어요. 하지만 오늘날 이탈리아에 있는 카페에서 에스프레소를 주문하려면 '일 카페'라고 말하면 돼요. **'일 카페'**는 '커피'라는 뜻이에요. 잘 만든 에스프레소 위에는 **크레마**라고 하는 진한 갈색 거품이 올라가 있답니다.

에스프레소에 거품을 낸 우유를 섞은 것

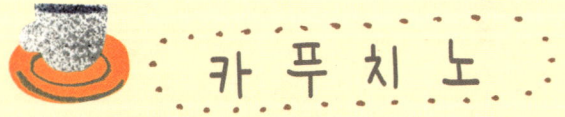

진한 에스프레소에 우유 거품을 '모자'처럼 얹은 것

라 떼 마 키 아 토

에스프레소에 우유를 넣은 것

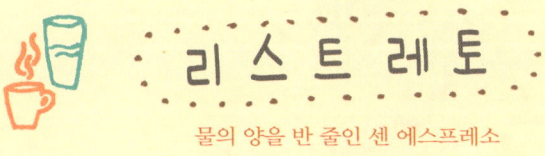

물의 양을 반 줄인 센 에스프레소

특별한 바이올린

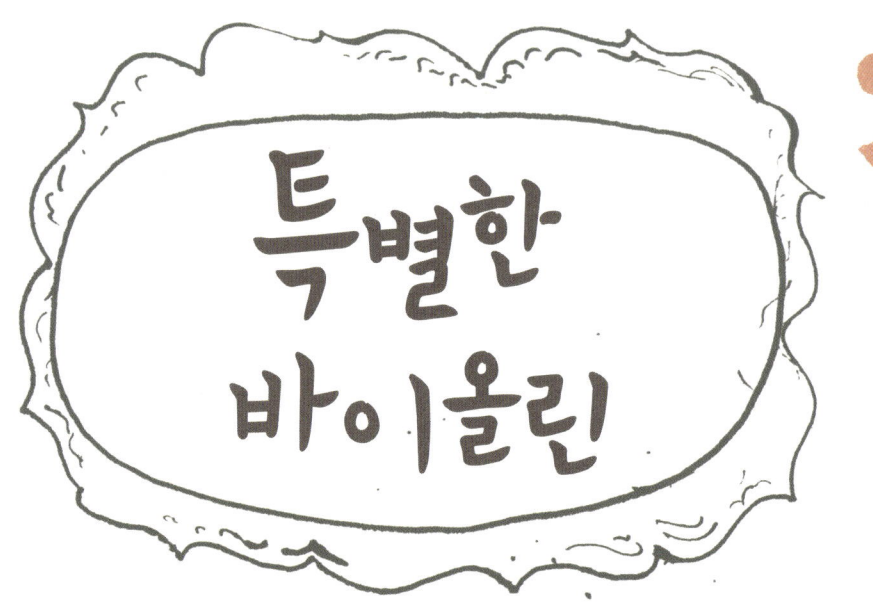

몇년 전에 재능 있는 젊은 바이올리니스트 **데이빗 가렛**은 슬픈 사고를 당했어요. 콘서트가 끝나고 계단에서 내려오다가 그만 자신의 바이올린 위로 넘어진 거예요. 바이올린은 산산조각 나고 말았어요. 데이빗은 눈물이 가득한 채 "최고의 친구를 잃었어요."라고 말했어요. 너무 슬퍼서 부서진 바이올린을 쳐다보지도 못했다고 해요.

데이빗의 불행한 사건은 전 세계에 알려졌어요. 모두들 안타까워 했어요. 데이빗의 바이올린은 250년 전에 세계적으로 유명한 바이올린 제작자 **조반니 바티스타 과다니니**라는 장인이 만든 바이올린이었어요. 무려 백만 달러짜리였지요. 다행히도 데이빗의 바이올린은 고칠 수는 있었어요. 그런데 데이빗은 2010년부터 다른 악기로 연주하고 있어요. **안토니오 스트라디바리**가 만든 **스트라디바리우스**로요. 안토니오 스트라디

주제페 타르티니

바리는 과다니니보다 더 유명한 바이올린 제작자로 스트라디바리우스도 엄청나게 비싸답니다. 한때 스트라디바리가 요술을 부려서 바이올린을 만든다도 소문이 났었는데, 그의 실력이 뛰어난 이유는 평범했어요. 안토니오는 젊었을 때 조각을 배웠어서 연주자에게 잘 맞는 악기를 만들었어요. 음색이 잘 나오는 이상적인 모양으로 만들었고요. 또, '작은 빙하기'라고 불리는 때에 자란 나무들로 악기를 만들어서 악기가 오래갔었던 거예요. 마지막으로 방수 처리를 잘해서 몇 백년이 지나도 어제 만든 악기처럼 소리가 좋았던 것이지요. 안토니오 스트라디바리의 악기 중에 가장 유명한 건 '메시아'라는 별명이 붙은 바이올린으로 영국 애쉬몰리안 박물관에서 구경할 수 있답니다.

스트라디바리는 훌륭한 바이올린을 만들었어요. 지금으로부터 200년 전, 이탈리아의 니콜로 파가니니는 스트라디바리의 바이올린으로 멋지게 연주했지요. 파가니니의 연주는 너무나도 훌륭해서 파가니니가 사람들을 홀리는 마술을 한단 이상한 소문도 났었어요. 물론 파가니니의 훌륭한 연주는 고된 연습의 결과였어요. 파가니니는 아주 어릴 때부터 연습을 시작했고, 손가락이 길어서 바이올린을 연주하기가 좋았어요. 또, 쇄골이 쑥 들어가 있어서 바이올린을 얹어 두기도 안성맞춤이었답니다.

세기의 로맨스

베로나시의 **카펠로 거리** 23번지의 오래된 궁 안뜰에는 남자들이 사진기를 들고 서 있고, 여자들은 발코니에서 손을 흔들고 있어요. 이곳은 사랑하는 사람에게 고백하고 청혼하는 곳으로 유명하지요. 이렇게 된 데에는 영국 극작가, **셰익스피어**의 공이 커요. 400년쯤 전에 셰익스피어는 사랑에 대한 희곡, 《**로미오와 줄리엣**》을 썼어요. 《로미오와 줄리엣》은 이탈리아 베로나가 배경이에요. 그래서 사람들은 《로미오와 줄리엣》의 배경이 되는 카펠로 거리로 찾아오기 시작했어요. 카펠로 거리에는 카펠로 가문에 속한 궁이 하나 있는데 줄리엣의 성이 마침 **카풀렛**이어서, 베로나 사람들은 이곳이 줄리엣이 살던 곳이라고 하였지요.

로미오와 줄리엣은 무도회에서 만나 첫눈에 사랑에 빠져요. 문제는 둘의 가문이 서로 원수지간이었던 거예요.

로미오와 줄리엣의 부모는 둘을 만나지 못하게 했고 그래서 불행이 찾아오게 됩니다. 자세한 이야기는 하지 않을게요. 언젠가 여러분도 로미오와 줄리엣 이야기를 책으로든 연극으로든 만나게 될 테니까요. 로미오와 줄리엣 이야기에는 교훈이 있어요. '싸움으로는 어떤 좋은 결말도 내지 못한다.'랍니다.

혹시 사랑 문제가 있나요? 그렇다면 줄리엣의 클럽에 편지를 쓰세요.(info@Julietclub.com) 줄리엣의 클럽은 젊은 아가씨들이 운영하는데, 정말 어려운 문제에도 답을 주곤 한답니다. 해마다 가장 감동적인 편지를 뽑아 '카라 줄리에타(친애하는 줄리엣)' 상을 수여합니다.

카펠로 거리에 있는 줄리엣 집에 가면, 발코니 아래에 서 있는 아가씨 동상을 보게 될 거예요. 그럼 그 아가씨 가슴에 손을 대세요. 사랑에 행운을 가져다준다고 해요. 그리고 로미오의 집도 꼭 들르세요. 별로 멀지 않은 **아르케 스칼리에레** 거리 2-4번지인데, 들어갈 수는 없어요. 로미오 집 앞에는 허술한 간판에 이렇게 써 있답니다. **"하지만 로미오는 어디 있나요?"**

물 위의 리무진

베네치아는 물의 도시예요. 그래서 차가 다니는 도로 대신 배가 다니는 **운하**가 있지요. 자동차 대신 운하 위로 배가 다니고, 둥글게 세운 다리 위로 사람들이 지나갑니다. 베네치아는 118개의 **섬**들이 약 400개의 **다리**로 이어진 도시예요.

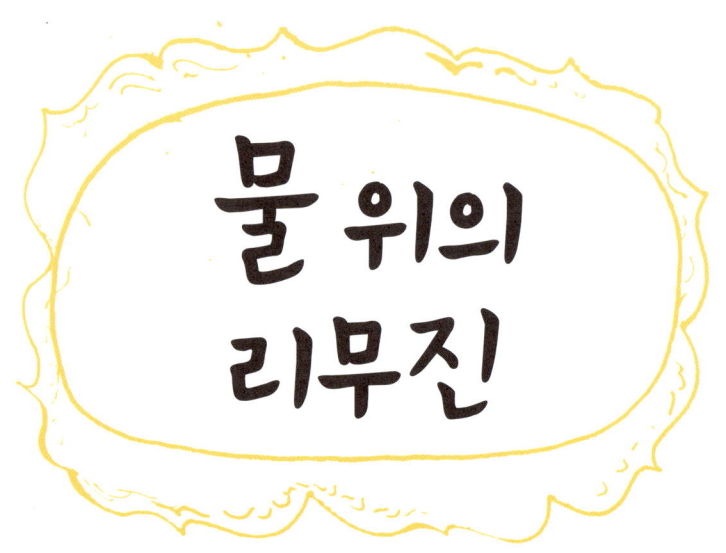

섬과 섬 사이의 운하가 주요 도로랍니다.
베네치아에선 차가 막히지 않아요. 시민들은 걸어 다니거나, 버스처럼 사람들을 태우고 정거장마다 내려 주는 배인 **바포레토**를 타고 다니지요. 무도회나 오페라를 보러 갈 때는 우아한 **곤돌라**를 탈 수도 있어요.

곤돌라는 배 중의 '리무진'으로 운전사가 있어요. 줄무늬 티를 입고 밀짚모자를 쓴 **곤돌리에레**죠.
배 오른쪽에 고정된 한쪽 노를 저어서 곤돌라를 움직여요. 배 왼쪽이 더 높아서 곤돌라는 정박해 있을 때, 약간 오른쪽으로 향해 기울어져 있어요. 하지만

곤돌라랑 비슷하게 생긴 나룻배와 같은 '트라게토'는 좌석이 없어서 대부분 서서 탑니다. 최대 8명까지 탈 수 있고, 운하를 건널 때만 타서 운항 거리는 아주 짧아요. 베네치아에서 가장 큰 운하인 카날레 그란데를 건널 때가 가장 긴 운항 거리랍니다.

곤돌리에레가 노를 저으면, 곤돌라는 똑바로 가게 되지요.

퀴즈를 하나 내 볼까요?

곤돌리에레가 배 뒤에 서 있는데 왜 배가 뒤집어지지 않을까요?

정답은 뱃머리에 철로 된 장식품이 있어서 균형이 잡히기 때문이에요.

철로 된 장식품은 어른 남자 한 명의 무게 정도로 무겁답니다.

곤돌라는 파도가 일면 금방이라도 뒤집힐 것 같은 작은 배처럼 보이지만, 보기와는 달리 아주 안정감 있는 배예요. 8종류나 되는 나무를 사용해서 만들고, 280조각으로 이루어져 있어요. 빨간 벨벳이 씌워진 우아한 의자도 있지요. 하지만 배의 다른 곳은 검은색이에요. 옛날에는 검은 '타르'로 곤돌라를 방수 처리했어요. 그러한 전통을 따라 곤돌라를 검은색으로 칠하는 것이랍니다.

아쿠아 알타, 고무장화를 신고

이탈리아에서 **고무장화**를 신어야 한다고요? 그럴 리가요? 이탈리아는 항상 태양이 빛나는 곳인데요? 하지만 베네치아에선 가을에 고무장화 없이 나가지 않는 편이 좋아요. 비 때문은 전혀 아니랍니다. 해수면이 갑자기 높아지기 때문이에요. 1.5미터까지 해수면이 상승할 때도 있었어요. 그럼 도시에 바닷물이 흘러넘칩니다.

아침에 사이렌이 울리면 **아쿠아 알타**가 다가온다는 거예요. 그럼 바닷물이 **산 마르코 광장**의 집과 가게에까지 들어 차오릅니다. **바포레토**는 어떤 다리도 통과할 수 없게 되어 노선을 바꿔야 해요.

베네치아에서 물이 빠져 나가는 썰물은 시로코라는 강력한 남풍을 만들어요. 시로코는 봄에는 아프리카 사막에서 모래 바람을 몰고 오고, 가을이면 빽빽한 안개를 동반하는 비를 내려요. 가끔은 겨울에도 바람이 불어요. 그럴 때면 붉은 빛으로 물이 든 눈이 내려요.

주요 거리와 광장에는 발을 적시지 않고 걸어갈 수 있게 나무로 된 발판이 깔려요. 나무 발판이 없는 곳에서는 고무장화를 꼭 신고 가야 합니다. 베네치아에선 정장을 입은 회사원들이 어부들이 신는 고무장화를 신고 다녀도 아무도 이상하게 보지 않아요. 가을에 베네치아에선 고무장화가 최고의 유행이니까요.

그런데 앞으로는 베네치아에서 고무장화를 신은 사람들을 못 볼지도 몰라요. 수년 동안의 연구 끝에 도시를 바다로부터 분리하는 78개의 댐을 세우는 '모세'라는 이름의 계획을 세웠거든요. 모세는 성성에 나오는 인물도 물을 가른 바 있지요.

가면무도회

매년 2월이면 **베네치아**로 희한한 복장을 하고 가면을 쓴 수많은 사람들이 몰려들어요. 변장을 한 수천 명의 베네치아 사람들과 전 세계에서 온 관광객들이 행진을 하고, 여러 행사와 콘서트를 즐기지요. 열흘의 축제 기간 동안 도시는 거대한 **가면 무도회장**으로 변해요. 바로 **베네치아의 사육제**라고 하는 오랜 역사를 가진 유명한 거리 축제랍니다.
이탈리아 최대 축제이자 세계 10대 축제로 처음 열린 건 900년 전이랍니다.

수세기 전에 베네치아에선 축제 기간 동안에 모든 규칙이 뒤집어지고 법도가 사라졌어요. 가면과 변장으로 모두가 평등해지고, 누가 부자인지, 신부인지, 가난한 공예가인지 알 수가 없었어요. 모두 재미있게 놀며 기꺼이 바보짓을 하기도 했지요. 한 가지 규칙만 지키면 됐어요. 한 가지 규칙은 얼굴을 가면으로 가리는 것이에요.

베네치아에는 가면을 파는 상점이 수백 개나 있어요. 그중 가장 유명한 공방은 베네치아에서 가장 큰 리알토 다리 근처의 라 보테가 데이 마스카레리예요. 여기서 가면을 사 간 유명인 중에서는 감독 우디 알렌과 버트 레이놀즈, 앤디 가르시아, 로빈 윌리엄스 같은 유명한 배우들이 있어요.

오늘날 베네치아 축제는 여전히 즐거운 거리 축제이고,
가면은 이 축제의 상징이 되었답니다.

전통적으로 가면을 가장 무도회의 소품만으로 쓴 건 아니었어요.
옛날에는 전염병이 돌 때에도 가면을 썼어요. 가면의 긴 코
부분에는 약초를 담은 필터가 있어, 병균을 막는 역할을 했어요.
또, 극장에 갈 때, 남편이 있는 여자들은 가면을 써야 했어요.
어떤 이유든지 얼굴이 알려지기 싫은 사람들도 가면을 썼어요.

옛날 베네치아에서 가장 인기 있는 가면은 하얗고 가죽으로 된
검은 베일이 달린 **바우타**예요. 가면을 쓰고도 먹고 마실 수
있도록 입 부분이 튀어나와 있어요. 보통은 남자들이 많이 써요.
복장을 더 갖추려면 검정 망토를 입고, 머리에는 넓은 검은 모자를
써요. 여자들은 검은색 벨벳으로 만든 타원형에 눈구멍만 뚫린
모레타 가면을 썼어요. 가면 안쪽의 고리나 단추를 입에 물고
있어야 가면이 떨어지지 않았어요.

오늘날 가면은 축제 때만 써요. 가면은 주로 도자기나 종이로
만들고, 색칠을 하거나 비단과 보석, 금가루 등으로 장식해요.
변장을 한 사람들은 넓은 외투를 입고, 높이 솟은 가발을 쓰거나
화려한 깃털이 달린 모자를 씁니다.

접시 위의 화가

카르파치오는 베네치아에서 500년 전에 살았던 화가예요. 또한 카르파치오는 요리 이름이기도 해요. 익히지 않은 소고기를 얇게 썰어 소스를 뿌려 먹는 요리지요.

두 이름이 같은 게 우연일까요? 그렇지 않답니다.

베네치아에는 식사 전에 식욕을 돋우는 요리로 나오는 전채 요리와 칵테일을 잘 만들기로 유명한 요리사가 있었어요.

카르파치오

그는 그림을 보는 걸 좋아했어요. 요리사의 이름은 **주제페 치프리아니**였어요. 주제페 치프리아니는 성 마르코 광장에서 멀지 않은 골목길에 **해리스 바**라는 식당을 열었어요. 열자마자 자신의 독창적인 칵테일을 손님들에게 선보였어요. 칵테일에는 벨리니나 티치아노 같은 이탈리아의 유명한 화가들의 이름을 붙였어요.

어느 날 그의 바에 **아말리아 나니 모체니고** 백작 부인이 왔어요. 백작 부인은 주제페에게 의사가 날고기를 먹으라고 했다며 고민을 털어놨어요. "하지만 날고기는 맛이 없잖아요. 어떻게 하면 좋죠?" 바로 그때 주제페 치프리아니는 좋은 아이디어가 떠올랐어요. 소고기 안심을 종잇장처럼 얇게 썰어 내고 소스로 양념을 한 다음, 루콜라로 장식을 해서 백작 부인에게 먹어 보라고 했어요. 백작 부인은 치프리아니의 요리가 아주 마음에 들었어요. 너무나도 맛이 있어서 그때부터 이 요리를 먹으러 치프리아니의 식당에 자주 들렸어요. 치프리아니는 요리 이름을 고민하다, 검붉은 색으로 가득한 그림을 보고 고민을 해결했어요. **화가 카르파치오**가 그린 그림이었지요. 카르파치오의 그림을 보자 치프리아니는 날고기를 바로 떠올렸어요. 그래서 치프리아니의 요리 이름은 카르파치오가 된 것이랍니다.

화가 카르파치오 덕분에 우리는 옛 베네치아가 어땠는지 알 수 있어요. 카르파치오는 훌륭한 기록자였어요. 베네치아의 작은 바와 공방들, 항구의 어부, 베란다에서 쉬고 있는 여인들, 잔처럼 생긴 베네치아의 굴뚝과 아름다운 아치로 장식된 창이 그림에 잘 나타나 있답니다.

카사노바!

68

누군가 계속 새로운 사랑에 빠지고, 사랑하던 사람을 금세 차 버린다면, 우린 '카사노바로군!'이라고 말할 거예요. 그런데 **카사노바**가 이탈리아에 실제로 살았던 인물이란 것을 알고 있나요?

카사노바는 300년 전에 베네치아에서 태어났어요. 젊을 때 신부가 되고 싶었지만, 군대에 들어갔고, 바이올린을 연주하고, 고대의 작품들을 이탈리아어로 옮기고, 신문을 편찬하고, 비단을 만드는 다양한 일을 했어요.

아마 카사노바는 거의 모든 직업을 다 해 보았을 거예요. 《이코사메론》이라는 제목의 환상 소설도 썼지요. 지구 속으로 떠나는 여행에 대한 이야기예요. 현대의 자동차와 만년필과 비슷한 물건들이 등장한답니다.

카사노바 부모님은 **배우**였어요. 그래서 그렇게 여러 역할을 잘 해낼 수 있었을지도 몰라요. 카사노바는 곤경에 빠지지 않는 날이 단 하루도 없었어요. 어느 날은 베네치아 정부가 카사노바를 스파이라고 고발했고 감옥에 5년 동안 갇혀 있어야만 했어요. 하지만 15개월 만에 카사노바는 지붕에 난 구멍을 통해 도망쳤답니다. 또, 폴란드 바르샤바에 왔을 때는 오자마자 **사비에르 브라니츠키 백작**과 여배우를 두고 싸움이 붙었어요. 카사노바는 백작에게 결투를 신청하고 백작 배에 중상을 입혔어요. 백작의 친구들이 복수를 위해 카사노바를 쫓았고, 카사노바는 도망을 다닐 수밖에 없었어요. 이 사건은 전 유럽에 알려졌어요. 폴란드에서 가장 저명하고 고귀한 가문의 일원인 브라니츠키가 카사노바와 결투를 했단 것은 카사노바가 주목할 만한 인물이란 뜻이었거든.

하지만 카사노바는 악당이었어요. 카드놀이를 할 때면 속이기 일쑤였고, 사람들에게 자기는 마법을 부릴 수 있다고 속이고, 농담을 즐겨 했어요. 카사노바는 재지가 있어서 화를 낼 수가 없었어요. 여자들은 카사노바에게 푹 빠졌지요. 귀족부터 아름다운 배우와 심지어 수녀들까지 카사노바와 사랑에 빠졌답니다. 하지만 카사노바는 모두 금세 차 버렸어요. 무려 122명을 유혹했다고 자랑하곤 했지요. 그중에 가슴이 찢어졌던 사람은 한둘이 아닐 거예요. 정말 카사노바는 악당 중의 악당이었답니다.

카사노바

기름진 볼로냐

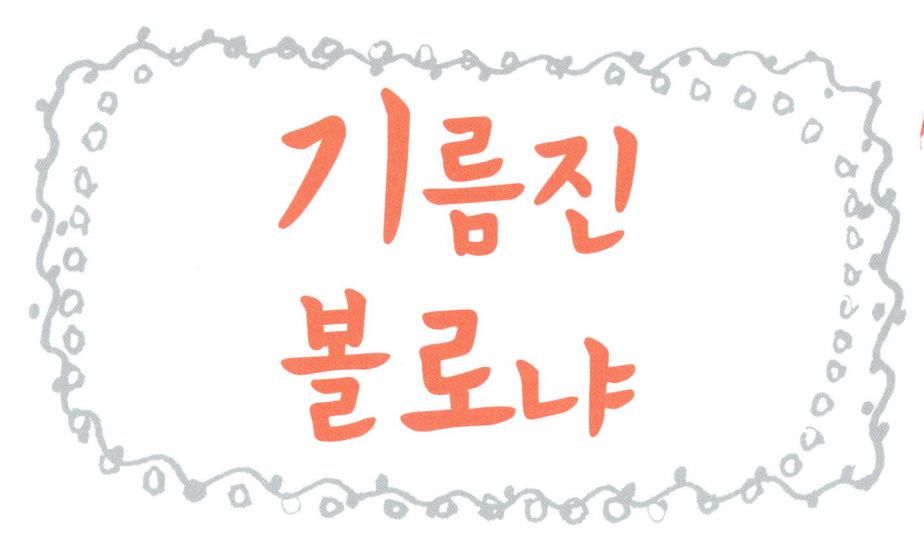

스파게티 중에 **알라 볼로네제**, 그러니까 간 고기가 들어간 토마토소스 스파게티를 모두들 알고 있을 거예요. 볼로냐 사람들만 빼고요. 이건 농담이 아니에요. 볼로냐에선 고기가 들어간 토마토소스 스파게티를 **라구**라고 하거든요. 지금은 '볼로냐의 라구 요리'란 뜻으로 '라구 알라 볼로네제'라고 말합니다. 이탈리아에선 라구를 만들 때 가느다란 스파게티

제대로 된 이탈리아 정식은 몇 개의 요리로 구성되어 있어요. 그래서 이탈리아 식당에 가면 메뉴가 여러 단계로 나뉘어져 있어요.

Antipasti — 안티파스티, 전채 요리
Primi piatti — 프리미 피아티, 첫 번째 요리
Secondi piatti — 세콘디 피아티, 두 번째 요리
Dolci — 돌치, 디저트

면으로 만들지 않아요. **탈리아텔레**라는 넓적한 면으로 만들어요. 볼로냐는 맛있는 토마토소스로만 유명한 게 아니에요. 볼로냐의 유명한 요리로는 작은 만두와 비슷한 **토르텔리니**도 있어요. 전설에 따르면 볼로냐의 여인숙 **코로나**에 우아한 부인이 묵었다고 해요. 부인이 굉장히 아름다워서, 저녁이면 여인숙 주인이 열쇠 구멍으로 부인이 옷을 갈아입는 모습을 훔쳐보았대요. 가장 인상 깊었던 건 부인의 배꼽이었어요. 여인숙 주인은 그 인상적인 모양을 기억하려고 바로 부엌으로 뛰어가 밀가루 반죽으로 똑같은 모양을 빚어 놓았다고 해요. 오늘날 해마다 10월 첫 주말은 **토르텔리니의 날**로 정해져 있답니다.

토르텔리니

모르타델라

볼로냐는 또한 소시지인 **모르타델라**를 처음 만든 곳이기도 해요. 모르타델라를 당나귀 고기로 만든다는 소문이 있지만, 그건 다른 도시 요리사들이 레시피를 훔쳐 가지 못하게 하기 위해서였어요. 모르타델라의 재료는 **돼지고기**예요.

볼로냐는 맛있는 음식으로 유명한 도시예요. 어쩌면 유럽에서 가장 오래된 대학인 볼로냐 대학으로 이탈리아 각 지역에서 교수와 학생들이 모여들고, 그들이 새로운 요리법을 가지고 와서 그럴지도 몰라요. 볼로냐에 기름진 음식이 많아 볼로냐를 **그라쏘 볼로냐**라고도 불렀어요. 이는 뚱보들의 도시라는 뜻이랍니다.

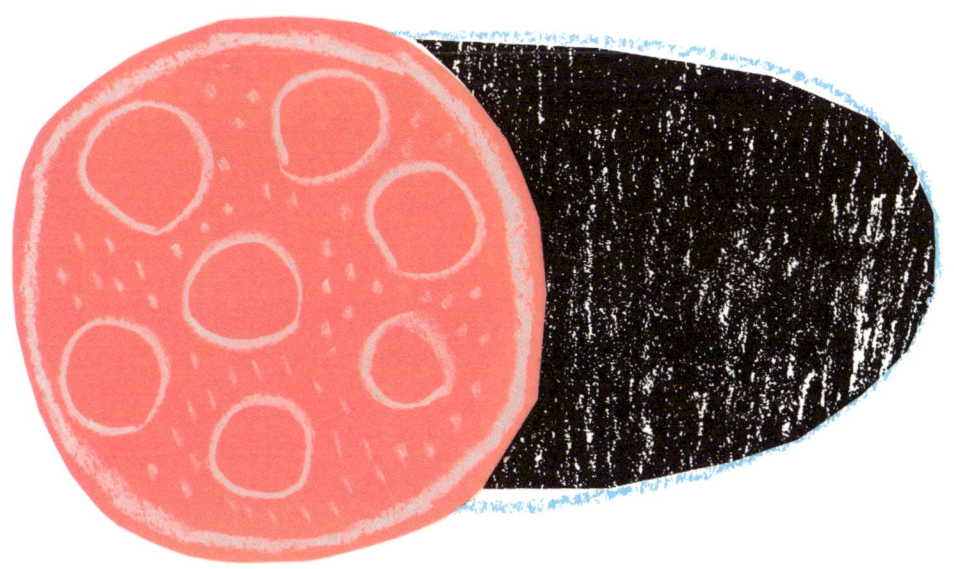

탈리아텔레

길고 납작한 면인 탈리아텔레도 볼로냐에서 유래했어요. 볼로냐 사람들은 500년 전 조반니 2세 벤티볼리오 공의 궁전에서 처음 만들었다고 해요. 조반니 2세 벤티볼리오 공은 아름다운 루크레치아 보르기아 공주를 위해 파티를 열었어요. 이 귀한 손님을 위해 궁정 요리사인 제피라노는 특별한 면을 제작했다고 해요. 길고 납작한 탈리아텔레를요. 아마 루크레치아 공주의 긴 금발 머리에 영감을 받았을 거예요. 하지만 이 이야기는 겨우 100년 전에 볼로냐의 화가 아우구스토 마자니가 지어낸 이야기랍니다.

루크레치아 보르기아

그래도 돈다

유명한 천문학자 **갈릴레오 갈릴레이**는 피사(80쪽을 보세요.)에서 400년 전에 살았어요. 젊었을 때에는 수도사가 되려고 수도원에 들어갔어요. 다행히 갈릴레오 아버지는 갈릴레오가 성직자와 어울리지 않음을 알고 얼른 아들을 수도원에서 빼내어 대학으로 보냈어요.

갈릴레오는 호기심이 많고 관찰력이 뛰어났고 실험하기를 좋아했어요. 네덜란드에서 누군가 망원경을 발명했단 소식을 듣고, 비슷한 기구를 만들어 보았는데, 네덜란드에서 발명한 망원경보다 성능이 좋았어요. 갈릴레오는 **망원경** 덕분에 달의 분화구를 관찰했고, 목성을 도는 네 개의 커다란 달도 발견했어요.

하루는 폴란드에서 온 천문학자인 **니콜라우스 코페르니쿠스**에 대해 들었어요. 당시에는 태양이 지구 주위를 돈다고 믿었는데, 코페르니쿠스는 지구가 태양 주위를 돈다고 했어요.

갈릴레오 역시 연구를 통해 코페르니쿠스와 똑같은 결론에

이르렀어요. 하지만 한 가지 문제가 있었어요. 코페르니쿠스와 갈릴레오의 주장을 교회가 마음에 들지 않았던 것이에요. 신부들은 갈릴레오 갈릴레오를 종교 재판에 세웠어요. 종교 재판소는 갈릴레오가 거짓말을 했다고 고발하고, 사람들 앞에서 코페르니쿠스의 이론에 반대한다고 말하라고 시켰어요. "어떻게 하지? 만약 코페르니쿠스가 착각한 것이라고 말하면, 그건 거짓말이야. 하지만 그 말을 하지 않았다가는 큰 문제가 생길 거야." 천문학자는 생각했어요. 결국에는 결론을 내렸어요. 재판관 앞에서는 코페르니쿠스가 착각한 거라고 말한 거예요. 하지만 전설에 따르면 그 후에 바로 이렇게 중얼거렸다고 해요. **"그래도 돈다."**

갈릴레오는 한층 발전된 망원경을 만들고 온도계도 발명했어요. 그리고 추가 달린 시계도 만들었어요. 그건 초를 붙일 때마다 흔들리는 교회의 샹들리에에 영감을 받은 것이라 해요.

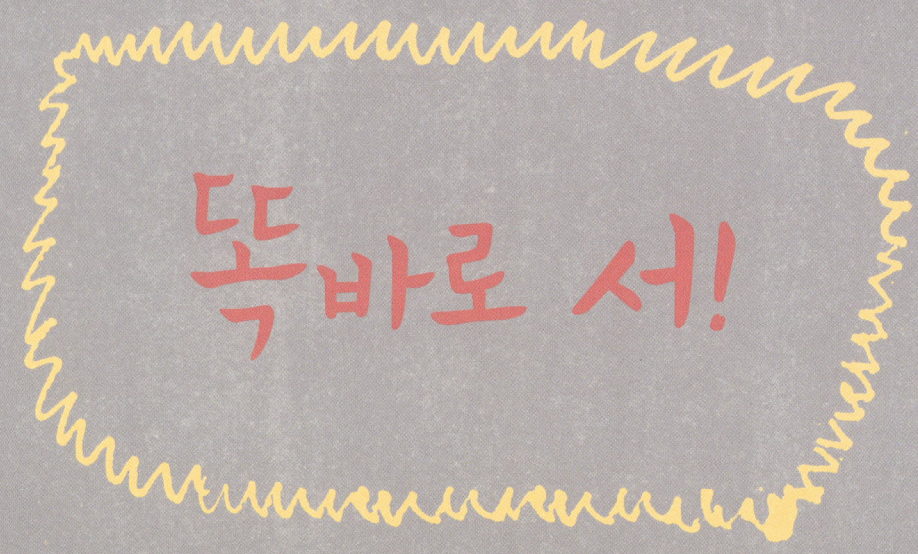

똑바로 서!

잘 못 지어진 건물인데 세계적으로 유명한 건물이 되었어요. 무엇일까요? 바로 이탈리아 피사에 지어진 종탑, **피사의 사탑**이에요. 피사의 사탑은 건물이 다 지어지기도 전에 기울어졌어요. 800년 전에 피사의 사탑을 설계한 건축가는 지반이 무를 줄 몰랐던 거예요. 공사하는 사람들은 종탑의 기둥을 한쪽만 길게 늘여도 보았어요. 하지만 아무 소용없이 종탑은 계속 옆으로 기울어졌어요.

아마 다른 지역 사람들이라면 종탑을 부숴 버리고 새로 지었을 거예요. 하지만 고집스러운 피사 사람들은 휘어지는 탑에 새로운 층을 쌓으며 계속해서 종탑을 지었지요. 결국 기울어진 종탑 꼭대기에 종을 올리고야 말았답니다.

피사의 사탑이 지어지자, 피사 사람들의 기쁨은 말할 수 없이 컸어요. 갈릴레오 갈릴레이도 피사의 사탑에서 유명한 실험을 했어요.(76쪽을 보세요.) **갈릴레오 갈릴레이**는 피사의 사탑에서 무게가 다른 공을 아래로 떨어뜨려서, 두 물체가 똑같은 속도로 떨어짐을 증명해 보였지요.

사탑은 점점 더 휘어지고 있어요. 지금은 중심으로부터 5미터나 휘어져 있어요! 1990년에는 관광객 방문이 금지되었어요. 재난을 피하기 위해 전문가들이 모였어요. 보강 작업은 11년이나 걸렸어요. 건물의 기초가 강화되어 덕분에 종탑은 더 이상 기울어지지 않아요. 다시 한 번 방문할 수도 있고요. 전문가들은, 앞으로 300년은 끄떡없이 서 있을 거라고 장담하고 있답니다.

피사의 사탑처럼 기울어진 탑은 폴란드에도 있어요. 하나는 좀프코비체 실롱스키에 크쉬바 거리 근처에 있어요. 중심으로부터 2미터 가량 휘어져 있어요. 두 번째는 토룬에 있는데 중심으로부터 1.5미터 휘어져 있어요. 휘어진 카피라는 카페가 그 안에 위치해 있답니다.

종탑 입장권

바퀴 달린 동물원?

허리는 잘록하고, 장애물을 날렵하게 피해 가는, 부릉부릉 소리가 재미나게 나는 이것은 무엇일까요? 이탈리아의 스쿠터 **베스파**를 소개합니다.

베스파는 이탈리아어로 **말벌**을 뜻해요. 스쿠터에 베스파라는 이름을 붙인 건, 70년 전에 오토바이 공장 주인이었던 **엔리코 피아지오**예요. 스쿠터 모양과 엔진 소리가 피아지오에게 말벌을 떠올리게 해서 베스파가 되었답니다.

베스파는 수백만 사람들의 마음을 사로잡았고, 팬클럽이 생겨났어요. 이탈리아 군대는 피아지오에게 낙하산에서 떨어뜨릴 수 있는 베스파를 만들어 달라고 부탁했어요. 딕 스마트 스파이 영화에도 베스파가 나왔어요. 영화에 나오는 베스파 알파는 날 수도 있고, 물속을 헤엄칠 수도, 잠수도 가능해요. 베스파는 세계 여행도 했어요. 잔카를로 티로니라는 학생은 베스파를 타고 북극까지 갔어요.

베스파가 성공한 후 피아지오는 바퀴가 세 개 달린 미니 트럭을 만들어 냈어요. 피아지오는 분명 곤충을 아주 좋아했나 봐요. 이 트럭은 꿀벌을 뜻하는 아페라는 이름을 붙였어요.

베스파와 아페에만 동물 이름이 붙은 건 아니랍니다. 두 명만 탈 수 있는 자동차로 유명한 피아트 500의 별명은 **토폴리노**, 그러니까 **생쥐**랍니다. 이탈리아에서는 월트 디즈니의 만화 미키 마우스도 토폴리노라고 불러요. 작은 자동차는 아주 조그만 틈에도 들어갈 수 있고 535킬로그램 밖에 되지 않아요. 영화 《카2》에도 등장해서 토폴리노 삼촌 역할로 나온답니다.

페라리는 로고에 동물 표시가 있어요. 바로 뒷발로 서 있는 말 모양이지요. 유명한 이탈리아 조종사 프란체스코 바라카 백작은 자신의 비행기를 검은 말 그림으로 장식했어요. 엔조 페라리는 바라카 백작의 조종 능력에 감탄을 해서, 바라카 백작의 말 표시를 자신의 회사 상징으로 쓰게 되었어요.

이탈리아의 아이스크림, 젤라또

바나나 맛, 멜론 맛, 수박 맛이에요. 크림처럼 부드럽고 상큼한 이 맛! 이탈리아의 아이스크림 젤라또예요. 맛도 맛이지만, 넓은 주걱으로 퍼 주어서 아이스크림 중에 그 몸집이 제법 크지요.

어떤 사람들은 아이스크림의 발상지는 중국이라고 혹은 아랍인들의 발명품이라고 주장해요. 하지만 한 가지는 확실해요. 최고의 '얼음 디저트'는 이탈리아인들이 만들었다고요. 그중에서도 특히 이 세 사람이요.

우선은 **루게리**라는 사람이 있었어요. 500년 쯤, 피렌체의

우리나라에선 얼마 전부터 아이스크림에든 착향료와 같은 합성 원료가 문제가 되어, 천연 재료로 만든 아이스크림이 인기를 끌고 있어요. 단호박 아이스크림, 콩 아이스크림, 곶감 아이스크림 등등 건강에도 좋은 먹거리와 천연 재료만 아이스크림을 만들어 파는데요. 맛도 좋답니다. 천연 아이스크림은 서울 홍대를 비롯해 곳곳에서 쉽게 찾아 볼 수 있답니다.

지배자가 새로운 요리법 경연 대회를 열었어요. 루게리는 대회에 나가서 과일즙을 얼려 만든 셔벗으로 모두를 물리쳤답니다.

이후 루게리의 요리법을 더 발전시킨 것은 바르나르도 **부온탈렌티**였어요. 재미있게도 부온탈렌티라는 이름은 '멋진 재능'이라는 뜻이 있답니다. 부온탈렌티에게는 이름처럼 아이스크림을 만드는 재능이 있었어요. 부온탈렌티의 레몬 크림 아이스크림과 오렌지 크림 아이스크림은 누구도 대적할 수 없었지요. 부온탈렌티는 크림을 쉽고 빠르게 얼릴 수 있는 지하 저장실까지 만들었답니다.

그런데 옛날에는 아이스크림을 먹을 수 있는 사람들은 부유한 사람들이었어요. 아이스크림을 만드는 데 돈이 많이 들어갔거든요.

다행히 파리에 사는 시칠리아에서 온 **프란체스코 프로코피오 데이 코텔리**가 아이스크림을 쉽고 빠르게, 많은 비용을 들이지 않고 만드는 방법을 발명했어요. 코텔리는 세계에서 최초로 아이스크림을 파는 **르 프로코프** 카페를 프랑스 파리에 열었답니다. 싼 값에 맛있는 아이스크림을 맛볼 수 있는 곳이자 프랑스에서 최초의 카페로 유명해졌답니다.

'아이스크림'이라고 하면 바삭한 과자 위에 동그란 모양의 아이스크림이 층층이 올린 아이스크림을 떠올릴 거예요. 그런데 손잡이를 누르면 기계에서 부드러운 아이스크림이 나오고, 아이스크림을 담는 그릇을 빙글빙글 돌려 눈 덮인 산봉우리 모양의 소프트 아이스크림도 있어요. 소프트 아이스크림 기계를 처음 발명한 곳도 이탈리아랍니다. 그래서 소프트 아이스크림을 이탈리아 아이스크림이라고도 해요. 이탈리아의 소프트 아이스크림은 우리나라 소프트 아이스크림보다 부드럽답니다.

천재 중의 천재

레오나르도 다 빈치를 모르는 사람은 없을 거예요. 레오나르도 다 빈치라는 이름을 뜻대로 풀면, 빈치 마을 출신의 레오나르도라는 뜻이에요. 빈치 마을의 레오나르도는 뛰어난 화가였지만, 몇 달이 지나도 주문 받은 그림을 그려 주지 않는 일이 허다했어요. 시간관념이 없었던 걸까요? 아니면 그림을 완벽하게 그리려고 계속 고치고 있던 걸까요?

모두 틀렸어요. 레오나르도 다 빈치는 무엇을 하나 하려면 연구를 깊이 했고, 쉴 새 없이 떠오르는 아이디어들을 실제로 만들어 보느라고 시간이 없었어요. 손을 그리려면 손 구조부터 정확하게 살펴야 했고요,

레오나르도 다 빈치의 가장 유명한 그림은 '모나리자'예요. 비밀스러운 미소를 짓고 있는 한 여인의 초상화지요. '모나'는 '부인'을 뜻하는 옛 이탈리아 말로 '모나리자'는 '리자 부인'이라는 뜻이지요. 모나리자는 파리의 가장 큰 박물관인 루브르에 걸려 있어요. 100년쯤 전에 모나리자를 가지고 마르셀 뒤샹이 패러디한 그림을 그렸어요. 뒤샹은 모나리자를 모사하고는 그 위에 콧수염과 턱수염을 그려 놓았답니다.

레오나르도 다 빈치

레오나르도 다 빈치의 하늘을 나는 기계

강을 그릴 때는 강물의 흐름부터 관찰했어요. 그러면서 새로운 배를 발명해 내기도 했지요.

다 빈치는 주문 받은 그림은 늦게 그렸지만 잘하는 게 수도 없이 많은 다재다능한 사람이었어요. 총과 대포, 집을 만들 줄 알았고, 당시엔 발명되지 않았던 **탱크**와 **헬리콥터**, **잠수함**과 같은 기계들을 구상했어요. 다 빈치는 자신의 아이디어를 사람들에게 알리지는 않았어요. 그래서 아주 오랫동안 아무도 그 기발한 아이디어를 알지 못했어요. 물론 레오나르도 다 빈치가 당시에 자신의 새로운 발명품을 발표했다고 해도, 사람들이 받아들이기 어려웠을 거예요. 다 빈치가 살던 시대에 비해 너무나도 앞선 생각들이었거든요.

하지만 레오나르도 다 빈치만 뛰어났던 것은 아니에요. 다 빈치가 살았던 시대를 '**르네상스**'라고 하는데, 당시엔 많은 천재들이 살았어요. 발명가이며 천문학자였던 갈릴레오 갈릴레이(76쪽을 보세요.)도 있었고요, 천문학자이자 법률가, 수학자, 통역가, 의사였던 코페르니쿠스도 있었지요. 이렇게 여러 재능을 가진 사람들을 가리켜 **르네상스 맨**이라고 해요. 그러나 레오나르도 다 빈치와 어깨를 겨룰 사람이 과연 있었을까요?

레오나르도 다 빈치는 늪을 말리는 방법도 생각해 냈고, 동물들이 나오는 동화를 쓰기도 하고, 수학과 물리를 연구했고, 문학과 철학에 조예가 깊었어요. 고대 그리스의 현악기인 '리라' 연주도 잘했답니다. 다 빈치는 한마디로 모든 방면에 걸쳐 재주가 있는 사람이에요.

닭 그림의 포도주 '키안티'

닭 그림이 그려진 포도주 병을 본다면, 이탈리아의 유명한 포도주인 **키안티**랍니다. 키안티는 토스카나 지방의 피렌체와 시에나 사이에 있는 아름다운 지역 이름이에요. 키안티에 가면 아름다운 언덕이 먼저 눈에 띌 거예요. 언덕 위로는 키가 큰 측백나무들이 구불구불한 길을 따라 늘어서 있고, 길을 따라 가다 보면, 포도나무를 기르는 돌집들을 만날 거예요.

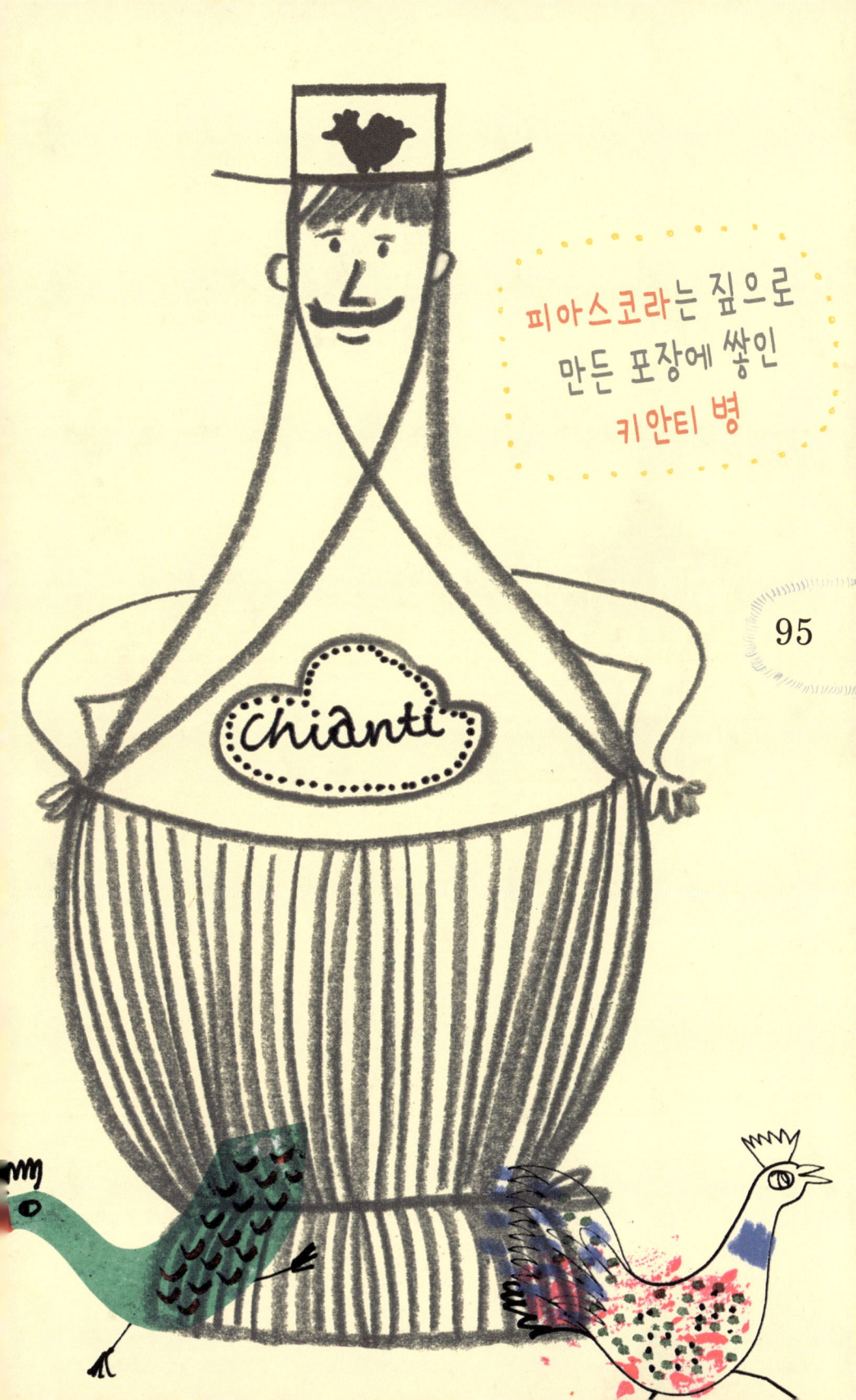

피아스코라는 짚으로 만든 포장에 쌓인 키안티 병

포도나무는 보이는데 닭은 보이지 않아요. 그런데 왜 키안티 포도주 병에 **닭 그림**이 그려진 걸까요? 아주 옛날 피렌체와 시에나는 키안티 지역의 언덕을 서로 차지하려고 싸웠어요. 싸움은 길어졌고, 두 도시의 사람들은 승패를 가릴 승부를 하기로 했어요. 두 도시에서 기사들이 말을 타고 키안티 지역의 언덕으로 달려와, 둘이 만나는 장소를 두 공국의 경계로 하기로 했어요. 출발은 닭 울음소리에 맞춰 새벽에 하기로 했어요. 시에나 사람들은 기사들의 잠을 잘 깨우려면 힘차게 울 닭을 골라야 한다며 하얗고 토실토실한 닭을 골랐어요. 하지만 피렌체 사람들은 까맣고 마른 닭을 골랐어요. 그리고 이 불쌍한 닭을 하루 종일 어두운 닭장에 물도 모이도 주지 않고 가두어

놓고는 닭을 한밤중이 되어서야
풀어 주었죠. 굶주렸던 닭은
모이를 조금 먹자마자 신이 나서
"꼬끼오!" 하고 울기 시작했어요.
아직 캄캄했는데 말이에요.
덕분에 피렌체의 기사들은 더
빨리 출발해서 거의 시에나
성벽 바로 밑까지 닿았어요. 재미있는 이 이야기는 전설일지도
몰라요. 하지만 검은 닭은 키안티 언덕의 상징이 되어
포도주 병 위에 그려졌답니다.

키안티 포도주는 19세기에 유명해졌어요.
베틴 리카솔리 남작이 포도주 만드는 비법을
개량하고 근처의 포도 농장 주인에게 비법을
전수했어요. 남작은 길을 닦고 철로를 세워,
큰 도시들로 키안티 포도주를 팔 수 있게
하였지요. 혹시 토스카니에 가게 되면
리카솔리 남작의 카스텔로 디 브롤리오 성을
방문해 보세요.

왕비님의 채소

폴란드에선 수프를 만들 때 **이탈리아 채소**가 꼭 있어야 해요. 이탈리아에만 자라는 채소나 이탈리아에서 수입한 채소냐고요? 아니에요. '이탈리아 채소'는 폴란드에서 샐러리와 파를 가리키는 말이에요. 왜 그런지 이야기를 통해 알아볼까요?

약 500년 전에 폴란드 크라쿠프 지역에 보나 **스포르차** 공주가 찾아왔어요. 이탈리아 남부 바리 지역의 공주였지요. 스포르차 공주는 당시 폴란드의 왕이었던 **지그문트 스타리 왕**의 왕비가 되려고 온 것이었어요. 화창한 날씨로 유명한 이탈리아 남부 지역에서 온 공주는 그보다 북쪽에 위치한 추운 폴란드가 그다지 마음에 들지 않았어요. 이야기를 나눌 친구도 없었을 테고요. 하지만 다행히도 공주가 간 크라쿠프성은 아름답고 화사한 궁전이었고, 날씨도 견딜 만했어요. 궁전 사람들은 교양과 품위가 있었고

외국어도 아주 잘했지요.

하지만 단 한 가지, 젊은 왕비가 그리워하는 것이 있었어요. 향기로운 채소가 가득한 이탈리아의 음식이었어요. 결국 왕비는 궁 옆의 정원에 텃밭을 만들고 손수 채소를 키웠어요. 이탈리아에서 샐러리와 파를 가지고 와서 키웠지요. 자, 이제 왜 폴란드에서 샐러리와 파를 '이탈리아 채소'라고 부르는지 알겠지요? 보나 왕비 덕분에 폴란드 사람들은 토마토, 콜리플라워, 호박 그리고 백리향과 같은 여러 종류의 허브를 처음 접하였고, 포도주를 마시게 되었어요. 왕비는 또한 목이 파진 드레스를 유행시키기도 했어요. 그때까지 폴란드 여자들은 아주 수수한 차림을 했어요. 하지만 이탈리아에서 온 왕비의 결혼식 예복은 모두에게 강한 인상을 남겼어요. 왜냐하면 목이 파져 있었을 뿐 아니라 왕비의 근면함을 상징하는 벌집 모양의 금장식이 되어 있었거든요.

보나 왕비는 폴란드 사람들이 맛보지 못한 이탈리아의 맛을 전하고 싶었어요. 하지만 보나 왕비가 며느리인 바르바라 라지비우브나를 독살했다고 믿는 사람들도 있었어요. 보나 왕비는 불같은 성격을 가지고 있었고, 야심도 있었고, 누가 자기를 반대하면 참지를 않았다고 해요. 그런 성격 탓에 적이 많아 독살과 같은 소문이 퍼진 것이 아닐까요?

오, 마르게리타!

아무리 맛있는 음식도 매일 먹으면 지겨울 거예요. 항상 같은 음식만 먹기는 싫으니까, 사람들은 이럴 때 종종 새로운 음식을 개발했어요. '피자'가 바로 그렇답니다. 나폴리 지역에서 있었던 일이에요. 한 나폴리 사람이 한숨을 쉬며 이렇게 말했어요. "또 **포카치아**야?" 포카치아는 기름에 납작하게 구운 빵이에요. 아침부터 그의 아내는 효모가 든 반죽에 올리브와 물을 넣고 뜨거운 돌 위에 포카치아를 구웠어요. 포카치아는 배가 부르긴 하지만 안에 들어가는 재료가 별로 없는 밋밋한 빵이에요. 아내는 남편의 말에 '그래, 지겨울 수 있어.'라고 생각하며 두 번째 빵을 아주 얇게 굽고 그 위에 마늘이 섞인 올리브유를 바르고, 올리브로 장식했어요. 바로 이게 **피자**가 탄생한 첫 순간이었답니다. 언제 그리고 누가 발명한 것인지는 정확히 알 수 없어요.

칼초네

하지만 **마르게리타 피자**가 언제 생겨났는지는 알려져 있어요.
그건 125년쯤 전의 일이에요. 마르게리타는 피자의 여왕이라고
하지요. 전설에 따르면, 정말 왕비 이름을 딴 것이라고 해요.
이탈리아의 왕 **움베르토 1세**와 **마르게리타** 왕비는 나폴리에서
휴가를 즐기고 있었어요. 마르게리타 왕비는 나폴리 피자가
유명하다는 것을 듣고, 꼭 맛보고 싶어 했어요. 그래서 피자를
만들도록 도시 최고의 요리사 **라파엘레 에스포지토**를 불렀어요.
라파엘레는 모차렐라 치즈와 토마토와 바질을 얹어 이탈리아 국기의
색깔로 피자를 준비했어요. 왕비는 이 피자에 홀딱 반했고, 왕비의
이름을 따서 마르게리타라고 불렀답니다.

마르게리타는 이탈리아인들이 가장 좋아하는 피자예요. 하지만 나폴리 사람들은 가끔 **칼초네**(바지의 다리 부분이라는 뜻이에요.) 피자를 먹기도 해요. 칼초네는 커다란 만두 모양의 접은 피자로, 햄과 살라미, 리코타 치즈를 넣고 오븐에 굽거나 올리브유로 튀긴 피자예요. 이탈리아 사람들은 피자 위에 올릴 재료를 고르는 데 굉장히 까다로워요. 전통적으로 피자 위에 닭고기, 소고기, 파인애플 같은 재료가 올라가는 건 상상조차 할 수 없답니다.

이탈리아 피자는 두께가 3밀리미터 밖에 되지 않아요. 요리사는 밀대를 쓰지 않고 손으로 반죽을 만드는데, 반죽을 밀어서 천장까지 높이 던져 올리며 둥근 모양을 다듬어요. 재료를 올린 피자 반죽은 장작으로 불을 때는 화덕에 485도 정도의 온도로 90초가 넘지 않게 구우면 피자 완성!

레스토랑

오 솔레 미오!

나폴리에 가면 한 발짝 걸을 때마다 노랫소리를 들을 거예요. 길거리와 시장, 관공서 등등 어느 곳에 가든지요. 세상에서 가장 유명한 노래에 맞춰 우편배달부가 편지를 보낼 때에도 허밍을 하고, 경찰들이 휘파람을 불며 순찰을 돌고, 버스 운전사들은 핸들을 잡은 손으로 리듬을 맞추어요. 바로 **'오 솔레 미오!'**, 그러니까 **'나의 태양이여!'**라는 뜻의 노래예요. 태양에 대한 노래냐고요? 아니에요. 매일 환하게 웃어 주는 사랑하는 사람에 대한 이야기를 담고 있지요.

노래를 쓴 사람은 100년 전에 살았던 바이올리니스트 **에두아르도 디 카푸아**예요. 아버지와 함께 이탈리아에서 아주 멀리 떨어진 오데사에서 공연을 했는데, 고향인 나폴리가 그립고 사랑하는 아가씨가 보고 싶어서 이 노래를 작곡했어요. 노래 가사는 에두아르도 디 카푸아의 친구인 시인 **조반니 카푸로**가 써 주었어요. 어느 날 시인의 창 아래로 한 상인이 지나가는데, 물건이 실린 수레를 밀며 우울한 노래를 부르고 있었대요. 카푸로는 아침 식사를 막 마친 후였는데, 상인의 노래를 듣고 자리에서 벌떡 일어나, 상인을 쫓아가선 한 번만 더 노래를 불러 달라고 청했지요. 카푸로는 상인의 노래를 들으며 가사를 받아 적고, 약간 고친 후에 **'오 솔레 미오!'**의 가사를 완성했답니다.

'오 솔레 미오!'는 비공식적인 나폴리의 대표 노래가 되었어요. 그런데 1920년에 이탈리아의 국가를 대신한 적이 있었어요.

1920년에 벨기에의 앤트워프에서 열린 올림픽에서 관현악단이 이탈리아 국가를 연주하기로 했는데, 지휘자가 악보를 깜빡하고 안 갖고 온 것이에요. 이탈리아 국가를 연주해야 하는데 악보가 없으니 난감했지요. 하지만 지휘자는 **'오 솔레 미오!'** 노래는 아주 잘 알고 있었어요. 경기장에 모인 이탈리아 인들과 선수, 관객들은 모두 열광적으로 이 유명한 노래를 따라 불렀어요.

'오 솔레 미오!'를 불렀던 사람들 중에는 이탈리아의 유명한 오페라 가수인 엔리코 카루소와 루치아노 파바로티, 그리고 약간 편곡해 부른 엘비스 프레슬리의 'It's Now or Never.'이 있어요. 마지막으로 인류 중에서 우주에 최초로 나선 첫 번째 우주인인 유리 가가린이 우주선에서 이 노래를 흥얼거렸답니다.

유럽에서 음악 축제로 가장 오래된 축제가 이탈리아에서 열려요. 60년이 넘는 전통을 자랑하는 이탈리아의 산레모 축제로 해마다 2월이면 열리지요. 이곳에서 발표된 노래들은 세계적으로 유명해졌어요. '날다'라는 뜻의 '볼라레'가 대표적이지요. 도메니코 모두뇨가 불렀어요. 모두뇨는 유명한 가수가 되기 전에 웨이터였어요. 지금은 이탈리아의 칸초네의 아버지라고 불린답니다. 칸초네는 이탈리아의 대중음악으로 우리나라의 가요와 같은 음악입니다.

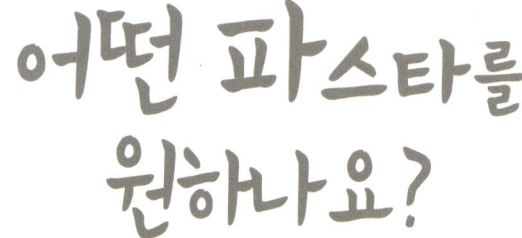

어떤 파스타를 원하나요?

이탈리아 식당에 갔어요. 메뉴판을 보는데 파스타 종류가 수십 가지예요. 웨이터가 다가와 어떤 파스타를 고를지 물어보기 전에 무슨 종류의 파스타를 먹을지 골라야 해요. **파스타**는 이탈리아어로 '면'을 말해요.

이탈리아 파스타의 모양은 정말 가지각색이에요. 조개 모양, 실 모양, 리본 모양 등 지역에 따라 특색 있는 파스타를 만나게 되지요. 누구나 자기가 좋아하는 모양의 파스타를 고를 수 있어요. 음악을 좋아하는 사람에게는 아코디언 모양의 파스타를, 자동차 애호가들에게는 바퀴 모양의 파스타를, 배관공들에게는 파이프와 마디 모양의 파스타를, 멋쟁이들에겐 리본 모양의 파스타를, 몸이 찬 사람에겐 난로 모양의 파스타를 권할 수도 있지요.

이탈리아에선 계속해서 새로운 모양의 파스타가 생겨나요. 유명한

자동차 디자이너인 조르제토 주지아로는 **마릴레**라는 파스타도 디자인했는데, 실제로 요리를 해 보니, 잘 익지 않아 실패작이었어요.

이탈리아 사람이라면 파스타에 대해 누구보다도 잘 알고 있어요. 어떤 면이 어떤 소스와 잘 어울리는지에 대한 나름의 규칙도 갖고 있지요. 긴 면에는 토마토소스를, 짧고 두꺼운 면에는 크림과 계란 소스가 잘 어울린대요. 파스타는 얼마나 오래 익히는지도 중요해요. 제대로 익힌 파스타는 **알 덴테** ('이빨에' 라는 뜻의 이탈리아 말이에요.)여야 하는데, 탄탄하면서도 약간 딱딱해야 해요. 너무 익혀 부들부들해지면 절대로 안 된답니다. 로마의 유명한 트레비 분수 (36쪽을 보세요.) 근처에는 파스타 박물관도 있어요.

유럽에선 이탈리아 사람들을 '파스타 먹는 사람들'이라고 부르기도 해요. 하지만 이런 표현은 이탈리아 사람들을 화나게 할 수도 있으니 쓰지 않는 것이 좋겠어요.

카넬로니 - 커다란 파이프처럼 생긴 면으로 안에 고기나 달달한 재료를 넣는다.

카펠리니 - (머리카락을 뜻하는 단어 '카펠리'에서 온 이름) 실처럼 가는 파스타

콘킬리에(조개) - 작은 조개 모양의 파스타

파르팔레(나비) - 리본 모양의 파스타

푸실리 - 나사 모양의 파스타

라자녜 - 사각형의 큰 파스타로 라자냐를 만드는 데 쓴다.

펜네 - (펜을 뜻하는 단어 '펜나'에서 온 이름) 작은 파이프처럼 생긴 면

펜네 리가테 - 펜네에 줄무늬로 선이 그어져 있는 면, 소스가 더 잘 묻어요.

스파게티 - 길고 가는 파스타

탈리아텔레 - 스파게티의 변형으로 길고 납작해요. (74쪽을 보세요.)

포크 위의 역사

200년 전에 스파게티를 아주 좋아하는 왕이 있었어요. **부르봉 왕조의 페르디난트 2세**였지요. 이탈리아 남쪽 지방을 다스리고 있었어요. 전설에 따르면 나폴리 근처의 포르티치 궁전에서 파티를 열었는데, 주 요리는 왕이 좋아하던 파스타였어요. 하지만 문제가 있었어요. '이렇게 실처럼 긴 면을 어떻게 먹지?' 왕은 걱정이었어요. 보통은 손으로 먹었는데, 손님들도 오는데 그럴 수는 없었지요. 당시의 포크는 커다란 세 개의 날로 되어 스파게티를 먹는데 적합하지 않았어요.

왕이 스파게티 면을 포크에 감을 때마다 면은 계속 떨어지고 말았어요. 그날 저녁, 페르디난트 왕은 배고픈 채로 잠자리에 들었어요. 배가 고팠기 때문에, 기분이 좋지 않았죠. '어떻게 할까, 어떻게 할까?' 궁정 사람들은 문제를 해결할 방법을 찾느라 바빴어요.

진짜 이탈리아 사람이라고 해도 몇 년 전에 라니에리 보르놀로가 만든 스파게티를 포크로 한 번에 말 수 없을 거예요. 라니에리가 만든 스파게티는 무려 면의 길이가 455미터에 달해, 기네스북에 올랐답니다.

그때 관리 중 하나였던 **젠나로 스파다치니**가 방에 틀어박혀 고민을 계속하다 마침내 방법을 발견했어요. 또 다른 파티가 열리고, 페르디난트 왕은 스파게티를 또 잘 먹지 못할 생각에 미리부터 슬퍼했어요. 잔뜩 찌푸린 표정으로 식탁에 앉은 왕을 향해 연회장에 젠나로가 포크를 들고 들어왔어요. "폐하, 신에게 방법이 있습니다!" 젠나로는 어려운 손님들을 아랑곳하지 않고 연회장으로 들어오면서 외쳤어요.
"그건 새로울 것이 없는 포크 아닌가?" 포기한 어조로 왕이 말했어요. 젠나로가 힘차게 외쳤습니다. "좀 다릅니다. 폐하."
젠나로 스파다치니는 세 개의 커다란 날이 달린 포크를 네 개의 짧은 날이 달린 포크로 개량한 것이에요. 이제 페르디난트 왕은 마음껏 스파게티를 먹을 수 있게 되었어요.

아주리, 골!

114

'축구' 하면 '이탈리아'라고 할 만큼, 이탈리아는 축구를 잘하기로 유명한 나라예요. 이탈리아의 축구팀은 **아주리(Azzurri)** 군단이라고 불리며 조직적인 경기를 잘하지요. 아주리 군단은 파란색 유니폼을 입는데 이탈리아 어로 파란색을 **아추로(Azzurro)**라고 해요.

이탈리아의 유명한 가수인 **아드리아노 첼렌타노**가 부른 **아추로(Azzurro)**라는 노래가 있어요. 축구 응원가이냐고요? 아니에요. 한 남자가 사랑하는 여인이 곁에 없으니, 푸르고 따뜻한 오후가 너무나도 길게 느껴진다는 내용의 노래랍니다. 이탈리아 사람들은 축구를 정말 좋아해서, 축구 경기를 할 때면 카페와 식당 어느 곳에 가든 축구 이야기로 가득합니다.

이탈리아에는 유명한 스키 선수가 있어요. '라 봄마(폭탄)'라는 별명의 알베르토 톰바예요. 알베르토 톰바는 스키 월드컵 회전 대회에서 금메달을 50개나 따서 1등한 기록으로 아주 유명하답니다.

115

이탈리아 축구 대표팀인 아주리가 경기에서 이긴 날은 온 나라가
축제 분위기예요.(37쪽을 보세요.) 그러나 경기에 지면 온 나라가
슬픔에 잠겨요. 다행히 이탈리아 축구 선수들은 축구를 잘해서
경기마다 성공을 거두고 있어요. 월드컵 우승도 네 번이나 했고요.

많은 남자아이들에게 축구 선수들은 최고의 우상이에요. 나폴리

사람들은 **디에고 마라도나**를 우러러봐요. 마라도나는 아르헨티나에서 왔지만, 오랫동안 나폴리 팀에서 뛰었어요. 나폴리의 베네데토 크로체 거리에는 마라도나를 기념하는 벽과 마라도나를 위해 기도하는 곳도 있지요. 그곳엔 나폴리 방언으로 남자아이들에게 뛰어난 축구 선수였던 마라도나를 본받으란 내용의 시가 적혀 있답니다.

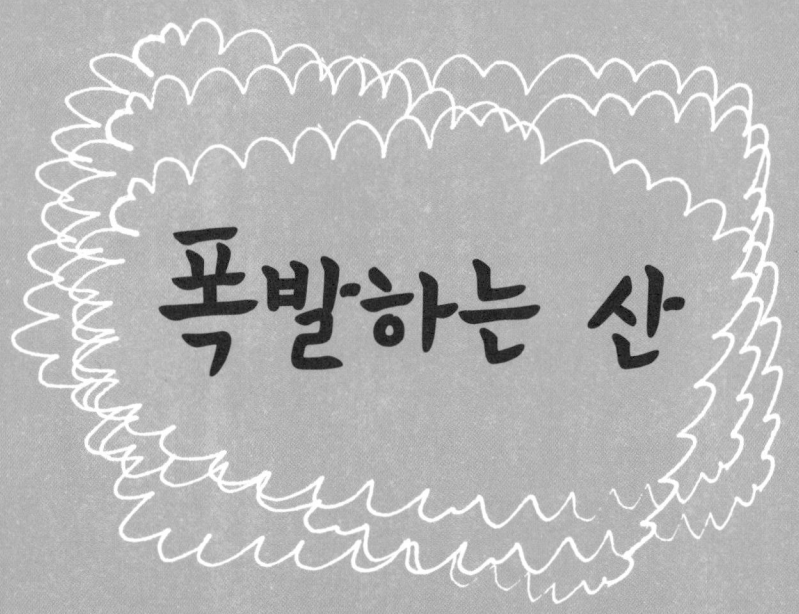

폭발하는 산

해마다 8월이면 이탈리아 사람들은 휴가를 떠나 도시가 텅 빕니다. 그런데 79년 8월의 휴가철에는 끔찍한 일이 터졌습니다.

나폴리 근처의 세 도시인 **폼페이, 스타비아**(당시엔 스타비아에라고 불렸어요.), **헤르쿨라네움**에서 일어난 일이에요. 나폴리는 워낙 아름다운 해안 절벽의 풍광으로 유명한 곳이었고, 폼페이와 헤르쿨라네움은 고대 로마 시대에 가장 번성했던 도시이자 로마 귀족들에게 사랑 받는 휴양지였어요. 이곳에선 베수비오 화산의 위협적이면서 신비로운 풍경을 잘 볼 수 있었지요.

비극은 베수비오 화산이 폭발하며 일어났어요. 베수비오 화산 위로 거대한 잿빛 구름이 생기고, 땅이 흔들리며 잿빛 구름은 도시 전체를 가렸어요. 곧 화산이 폭발하며 화산재와 뜨거운 용암과 암석이 나폴리의 도시들을 삼켜 버렸습니다.

'순식간에 어둠이 우리를 사로잡았다. 여러 번 몸에 쌓인 재를 떨어내려고 일어섰지만, 재의 무게는 우리를 곧 뭉개 버릴 것만 같았다.' 작가이자 정치가였던 플리니우스 2세가 당시 폼페이 화산 폭발을 관찰하고 기록한 글이에요. 플리니우스 2세는 폼페이에서 멀리 떨어지지 않는 플리니우스 삼촌의 집에 있었지요. 뜨거운 오후, 갑자기 땅이 흔들리더니 화산으로부터 불이 뿜고, 검은 구름이 하늘을 가렸어요. 베수비오 산에서 뜨거운 돌들이 폼페이와 헤라쿨라네움, 스타비아로 쏟아져 내렸어요. 함대 사령관이자 저술가였던 플리니우스 삼촌은 함대를 지휘해서 주민들을 구하러 나섰어요. 하지만 구조 작업에 나선 삼촌은 스타비아에서 사망하고 말았어요. 베수비오 산에서 사람에게 해로운 가스가 뿜어져 나왔거든요. 베수비오

베수비오 산은 아직도 활화산으로 위험해요. 언제라도 폭발할 수 있어요. 마지막으로 폭발한 것은 1944년인데, 다행히 그때는 큰 피해가 없었답니다.

화산 폭발은 3일 동안 계속되었고, 폼페이와 스타비아, 헤르쿨라네움은 몇 미터나 되는 화산재에 쌓여 사라져 버렸습니다. 이 도시들은 300년쯤 전에 발견되었어요. 처음엔 폼페이에서 원형 극장이 발굴되었고, 헤라쿨라네움에서 도서관이 있는 저택이 발굴되었어요. 도서관에선 2천 개가 넘는 파피루스로 된 고서들이 발견되었답니다. 또, 당시의 건물과 정원, 접시, 사람들의 초상을 그린 프레스코 작품과 모자이크 작품들도 발굴했어요. 그림에는 허리띠를 동여맨 드레스를 입은 여인들의 모습과 토가라고 하는 긴 망토를 두른 남자들의 모습을 볼 수 있어요. 어떤 사람들은 '아트리움'이라고 부르는 대저택의 안마당에서 쉬고 있고, 어떤 이들은 원형 극장(25쪽을 보세요.)에서 검투사들의 공연을 보거나 긴 의자에 누워 친구들과 연회를 즐기고 있어요. 집은 개가 지켰어요. 어떤 집 문 앞에서는 모자이크로 쓴 '개 조심'이라는 표지가 발견되기도 했답니다.

폼페이

돈 코를레오네

우리나라에서 '대부'는 가톨릭에서 세례를 받을 때에 증인으로 세우는 남자 후견인을 뜻해요. 또한 '대부'는 **마피아**의 두목을 뜻하기도 하지요. 마피아란 도대체 무엇일까요?

역사학자들의 이야기에 따르면 마피아는 프랑스가 **시칠리아**를 다스리던 때에 시칠리아에서 생긴 조직이에요. **마피아**에 대한 어원은 명확하지 않지만, 당시 시칠리아를 지배하던 프랑스 사람들에 대한 불만을 표현한 말의 앞 글자만 따서 만든 말이라고도 해요. 시칠리아에선 잔인한 통치자들로부터 시칠리아 사람들을 보호하려고 '우리의 일'이라는 뜻의 **코사 노스트라**라는 비밀 조직을 만들었어요. 그런데 이 비밀 조직이 훗날 이탈리아 정치 세력과 부유한 사람들과 힘을 합하며 범죄 조직으로 변했어요. 마피아는 법을 어기며, 이탈리아 현대사에서 수도 없을 만큼 많은 범죄를 저질렀어요.
이탈리아의 코사 노스트라는 몇 개의 가문이 합쳐진 집단이에요.
그중 가장 높은 지위에 있는 우두머리를 '대부'라고 부르는 거예요.
이탈리아 말로 돈이라고 불러요. 대부들 중의 최고도 뽑는데,
우두머리 중의 우두머리란 뜻의 **카포 디 투티 카피**라고 부릅니다.
대부 중에서 가장 유명한 대부는 돈 코를레오네예요. 프란시스 포드
코폴라 감독의 영화 '대부'에 나오는 주인공이지요. 가상 인물들의
이야기지만 진짜 마피아 이야기처럼 만들어졌어요. 시칠리아의
코를레오네라는 마을에서 태어났고,
이름은 비토 안돌리니예요.
미국으로 이주하면서 코를레오네로
이름을 바꿔요. 영화 '대부'의 주인공
역할은 유명한 배우인 말론 브란도가
맡았어요.

대부는 배신자를 좋아하지 않아요.
마피아의 비밀을 누설하는 일원은
집이나 자동차에 신문지에 쌓인 죽은
물고기를 발견하게 되어요.
조심하라는 경고이죠.
두 번째 경고는 없답니다.

올리브유와 올리브 나무

고대의 한 작가는 올리브를 **흐르는 금**이라고 말했어요. 왜냐고요? 황금빛 색 때문이기도 했지만 고대에 올리브는 정말 귀하게 여겨졌거든요.
고대 그리스에서는 올림픽 경기의 승자들에게 상으로 올리브유가 가득 든 그릇을 주었어요. 고대 로마에서는 올리브유로 세금을 냈고요. 올리브유는 맛있기도 하였지만 건강에도 좋아요. 올리뷰유를 많이 먹은 사람들은 심장병을 덜 앓는다고도 해요. 화장품에도 올리브유를 넣는데 피부 노화를 방지하기 때문이에요. 아, 올리브유가 무엇이냐고요? 올리브 열매를 짜서 만든 기름이랍니다.

이탈리아 사람들은 올리브유를 샐러드 소스로만 쓰지 않았어요. 전채 요리의 한 가지로도 식탁에 내었어요. 갓 구운 빵과 함께요.

빵 한 조각에 올리브유를 부어 보세요, 얼마나 맛있는데요! 약간 쓴 맛과 매운 맛이 나고 목이 칼칼한 느낌이라고요? 그런 맛의 올리브유가 좋은 올리브유랍니다.

가게에서는 올리브유가 든 병을 잘 살펴 보세요. 올리브유는 햇볕이 닿으면 변질되어서 어두운 색 유리병에 넣고 보관해야 해요. 올리브유를 냉장고에 보관하지 않는다는 것도 기억해 두세요. 그리고 **엑스트라 버진(Extra Virgin)**이라고 하는 올리브유가 가장 맛이 있어요.

올리브 나무는 신성시되어 왔어요. 천 년도 넘게 살면서도 계속 열매를 맺기 때문이지요. 올리브 가지는 평화를 상징하고 올리브 이파리로 만든 화관은 승리를 뜻해요. 옛날에는 올리브 화관을 올림픽의 우승자에게 씌웠답니다.

올리브유 1리터를 만들려면 올리브 열매가 5킬로그램이 필요해요. 만약 올리브 나무들을 보고 싶다면 사르데냐로 가세요. **빌라사마사르자**라는 곳에 유럽에서 가장 오래된 올리브 나무들이 자라요. 소르투 만누(S'ortu mannu)라는 공원에 가면 700그루나 되는 올리브 나무가 있는데, 무려 1,500살이나 나이를 먹은 나무들도 있지요. 물론, 사르데냐의 **산 발토루 디 루라스**에 있는 올리브 나무와 비교하면 어린아이에 지나지 않아요. 이곳의 올리브 나무는 3천 년이나 되었고, 높이가 5층 건물만 하답니다.

흰색의 광대

여러분은 분명 **피에로**라는 이름의 슬픈 어릿광대를 알고 있을 거예요. 하얀 모자를 쓰고, 흰 바지를 입고 까만 단추가 달린 흰 블라우스를 입은 광대 말이에요. 얼굴마저도 흰색이고, 볼에 뚝뚝 떨어진 커다란 검은 눈물이 그려져 있어요. 피에로는 어디에서 온 걸까요? 그리고 왜 울고 있을까요? 프랑스와 우리나라에서는 '피에로'라고 부르지만, 이탈리아에서는 **페드롤리노**라고 불러요. 페드롤리노가 울고 있는 이유는 슬픈 사랑 때문이지요. 페드롤리노는 이탈리아의 전통 극인 **코메디아 델라르테**에 나오는 인물 중의 하나예요. 코메디아 델랄르테는 400년 전에 굉장히 인기가 많았어요. 요즘도 2월이면 코메디아 델라르테의 날을 기념하며 피에로가 나오는 극을 볼 수 있어요. '코메디아'는 '희극'이란 뜻이에요. 그래서 울고 있지만, 하얀 광대가 연기하는 이야기는 전혀 슬프지 않아요. 극에서 하얀 광대는 고귀한 심성을 지녔지만 굉장히 둔하고 서툰 인물로 나온답니다.

콜롬비나

함께 등장하는 인물들이 여럿 있어요. 재치 있는 하인인 **할리퀸**, 수다스러운 하녀인 **콜롬비나**, 구두쇠 상인인 **판탈로네**, 학자이지만 어리숙한 **의사**, 그리고 잘난 척하는 **선장**이 있어요. 대부분의 이야기가 거의 비슷해요. 젊은 두 남녀가 결혼하려고 하지만, 양가의 아버지가 허락하지 않아요. 선장은 두 남녀를 떼어 놓으려고 하고, 콜롬비나와 할리퀸은 두 남녀를 도와주고, 의사는 아는 척을 하면서 이야기를 쏟아 내고, 피에로는 울어요. 그러나 결투를 신청 받은 선장은 후추가 자라는 곳으로 도망치고 모두

할리퀸

행복한 결말로 이야기는 끝이 납니다. 코메디오 델라르테는 하나도 지루하지 않아요. 배우들이 대사를 외우지 않아 더 그렇지요. 이야기는 언제나 조금씩 달라집니다. 바보 같은 짓도 갑자기 나오고, 농담도 나오고, 어제와 다른 괴상한 표정에 관객들은 눈물이 날 정도로 재미있어 하지요. 슬픈 건 웃지 않는 피에로뿐입니다.

등장인물들은 척 보면 금세 알아볼 거예요. 판탈로네는 허리를 굽히고 있고, 매부리코에 흰 턱수염을 길렀어요. 의사는 검은 옷을 입고 있어요. 선장은 긴 칼을 휘둘러요. 할리퀸은 까만 가면을 쓰고, 색색의 마름모꼴로 장식된 옷을 입었답니다.

낮잠 시간, 시에스타

이탈리아의 도시에서 오후 1시부터 4시까지는 시간이 느릿느릿 흘러갑니다. 오후 1시부터 4시까지는 **시에스타** 시간으로 사람들은 일을 중단하고 집으로 돌아가 따뜻한 음식을 해 먹고, 짧게 낮잠을 잡니다.

이탈리아 사람들은 시에스타가 없는 날을 상상할 수도 없어요. 샌드위치나 햄버거로 식사를 대신하면 된다고요? 회사로 사 와서요? 그 후에 남는 시간에 자면 되지 않냐고요?
이탈리아 사람들은 왜 그렇게 해야 하는지 물을 거예요. 햄버거, 핫도그처럼 간편하고 빠르게 먹을 수 있는 음식은 이탈리아 음식이 아니에요. 이탈리아는 진짜 미식가들의 나라예요. 이탈리아 사람들은 아무 음식이나 먹지 않고, 음식의 풍미가 살아 있는지를 끊임없이 토론할 준비가 되어 있어요. 이탈리아 사람들은 제대로 된 점심은 집에서 가족과 함께 먹는 거라 생각해요. 얇게 저민 소고기에 올리브유와 소금을 뿌리고 야채와 케이퍼, 파르메산 치즈, 레몬을 뿌려 먹는 카르파치오나 모차렐라와 토마토로 만든 카프레제 샐러드 등의 식욕을 돋는 차가운 요리를 먹고 따뜻한 파스타를 먹어요. 서두르지 않고 디저트까지 챙기면서 먹어요. 이탈리아 사람들에게 식사 시간은 최소한 **한 시간**은 필요해요.

이탈리아 사람들은 피아노, 피아노라는 말을 자주 해요. '천천히, 천천히'라는 뜻이지요. 이탈리아에는 '슬로우 라이프의 예술'이라는 협회도 있어요. 이 협회는 '피아노의 날'도 만들었어요. 2월 25일인데, 이 날에는 너무 빨리 걷는 사람에게는 상징적인 벌금을 부과한답니다.

한 30년쯤 전에 이탈리아 사람들은 슬로우 푸드 운동이라는 것을 만들어 냈어요. 천천히 먹고, 건강한 식생활을 하자는 것이지요. 이 운동은 또한 지역의 특산물을 보존하려고 애써요. 예를 들어 누비아 지방의 빨간 마늘이나, 움브리아의 검은 샐러리, 자두와 살구를 접붙인 **비리코콜로** 등이에요. **슬로우 푸드 운동**은 요리 코스도 짜고 전통 음식을 내는 식당들을 지지하기도 해요.

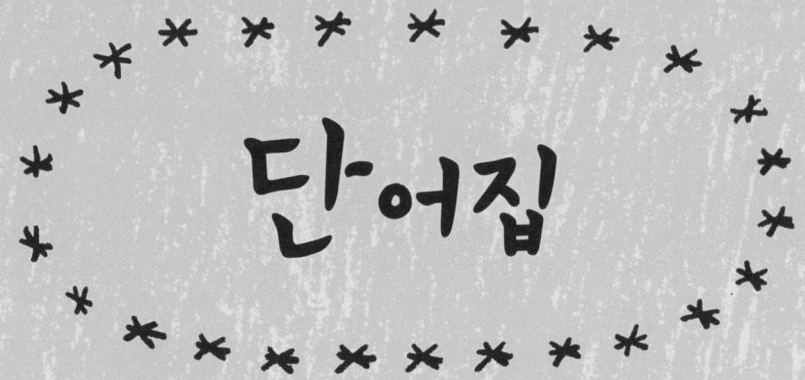

buon giorno (본 조르노) - 안녕하세요.

buona sera (부오나 세라) - (오후, 저녁 인사) 안녕하세요.

arrivederci (아리베데르치) - 안녕히 가세요.

a presto (아 프레스토) - 나중에 또 봐요.

buona notte (부오나 노테) - (밤 인사) 안녕히 주무세요.

ciao (차오) - 안녕.

grazie (그라치에) - 고마워.

mi scusi (미 스쿠지) - 죄송합니다.

via (비아) - 거리

parcheggio (파르켓지오) - 주차장

stazione (스타치오네) - 역

aeroporto (아에로포르토) - 공항

albergo (알베르고) - 호텔

ristorante (리스토란테) - 레스토랑

negozio (네고치오) - 가게

polizia (폴리치아) - 경찰

dottore (도토레) - 의사

Mi chiamo… (미 키아모) – 제 이름은 …. 입니다

Sono Coreano. / Sono Coreana.

(소노 코레아노/ 소노 코레아나) – 나는 한국인입니다.(남/녀)

Non capisco. (논 카피스코) – 모르겠어요.

Come va? (코메 바?) – 어떻게 지내?

Sto bene, grazie. (스토 베네, 그라치에) – 좋아. 고마워.

Sono malato. / Sono malata.

(소노 말라토/소노 말라타) – 나는 아파요. (남/녀)

Quanto costa? (꽌토 코스타?) – 얼마예요?

Dov'è il bagno? (도베 일 바뇨?) – 욕실은 어디에 있나요?

Mi sono perso. / Mi sono persa.

(미 소노 페르조/미 소노 페르자) – 길을 잃어버렸어요. (남/녀)

Mi lasci, per favore!

(미 라시, 페르 파보레!) – 날 내버려 두세요!

Aiuto! (아유토!) – 도와주세요!

Tanti auguri! (딴띠 아우구리!) – 축하합니다!

Baci e abracci! (바치 에 아브라치!) – 키스와 포옹을!

*이탈리아어는 남자, 여자, 성별에 따라 어미가 달라져요.

마당에서

— *Ciao Dario. Che bel cane che hai!*
(치아오 다리오. 께 벨 까네 께 아이?)
다리오 안녕, 네 개가 매우 예쁘구나?

— *Non è cane. È un tigre.*
(논 에 까네. 에 운 티그레.) 개가 아니야. 이건 호랑이야.

— *Lo porti allo zoo?*
(로 포르띠 알로 조?) 동물원으로 그걸 데려가는 거야?

— *No, faremo una passeggiata. Vieni con noi?*
(노, 파렘모 우나 파세지아타. 비에니 콘 노이?)
아니, 우리는 산책을 할 거야. 우리랑 같이 갈래?

거리에서

– *Mi scusi, mi sono perso. Come si va al hotel Rialto?*

(미 스쿠지, 미 소노 페르조. 꼬메 시 바 알 호텔 리알토?)

죄송해요, 저는 길을 잃었어요. 리알토 호텔로 어떻게 가나요.

– *È facile! Bisogna andare sempre dritto.*

(에 파칠레! 비조냐 안다레 셈프레 드리또)

쉬워요! 계속 똑바로 가면 되어요.

가게에서

– *Un chilo di mele, per favore.*

(운 킬로 디 멜레, 페르 파보레.)

사과 1킬로만 주세요.

– *Ma ragazzo, durante la siesta io non lavoro!*

(마 라가초, 두란테 라 시에스타 이오 논 라보로!)

하지만 여보세요! 시에스타 시간에는 난 일 안해요!

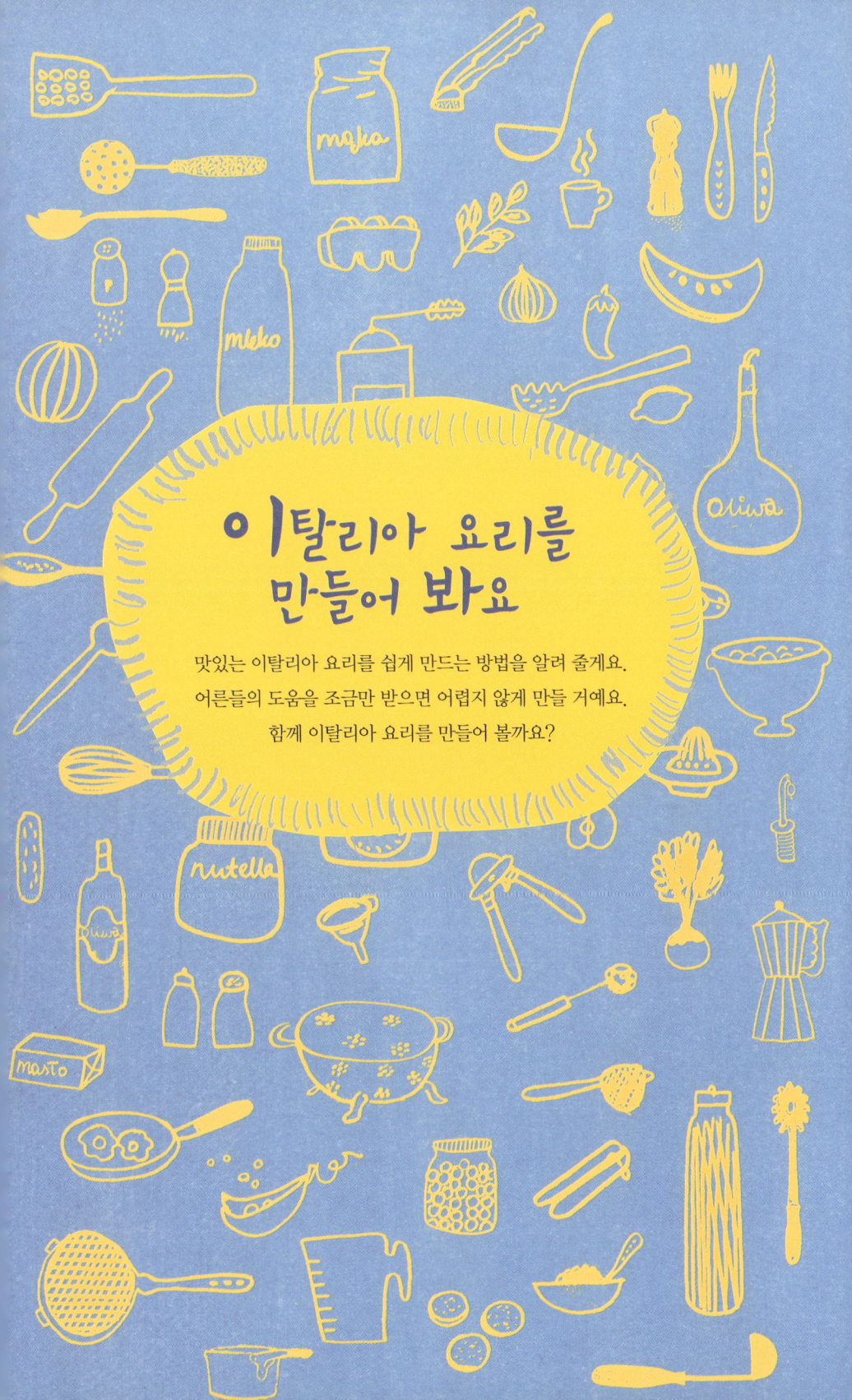

파르메 지역의 얇은 햄인 프로슈토와 멜론

달고 짭짤한 간식

재료:
멜론 반 통,
레몬,
프로슈토 햄 3장

① 숟가락으로 멜론의 씨를 파내세요.

② 세 조각으로 멜론을 썰어요.

③ 멜론 조각 위에 레몬 즙을 짜서 뿌리고

④ 햄으로 싸세요.

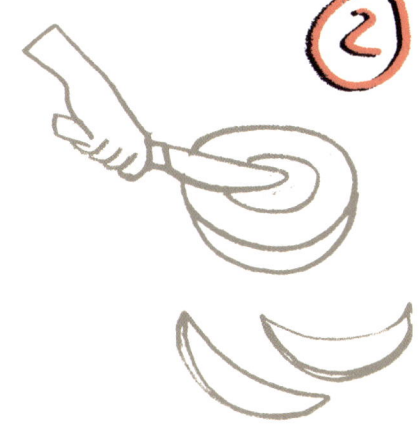
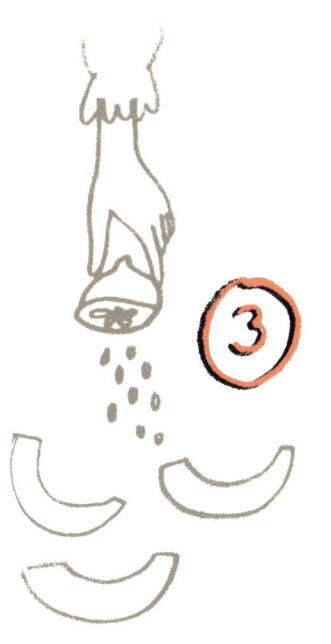

바삭바삭 맛있는 브루스케타

재료:

빵 4조각, 토마토 2개, 올리브유, 소금, 신선한 바질 잎 몇 장

토마토는 작게 네모 모양으로 썰고 약간의 소금과 올리브유를 뿌려요. 빵 조각은 토스터나 오븐에 살짝 굽고, 올리브유를 바르고 그 위에 토마토를 얹고 바질 잎으로 장식해요.

재료:
마른 빵 3조각, 토마토 2개, 올리브유,
소금, 후추, 신선한 바질 잎 몇 장

마른 빵을 잘게 부수고
토마토는 작게 네모난 모양으로 자르고
빵과 함께 그릇에 넣어요.
올리브유를 뿌리고, 소금과 후추,
바질 잎 찢은 것으로 간을 맞춥니다.
(바질 잎은 칼로 짓이기면 안 돼요.
까맣게 변하고 쓴맛이 나서요.)

판자넬라

마른 빵 처치하기

기분을 좋아지게 하는 티라미수

재료: 마스카르포네 치즈 한 팩(250그램), 설탕 1스푼, 에스프레소 1잔,

계란 노른자에 설탕을 섞어 푹신하게 될 때까지 휘저어 준 다음, 마스카르포네 치즈를 넣고 섞어요. 에스프레소 커피는 만든 후에 식혀 주세요. 유리로 된 용기에 레이디 핑거를 바닥에 깔고 커피를 살짝 부어 적셔 주세요. 그 위에 마스카르포네 치즈와 계란 노른자를 섞은 것을

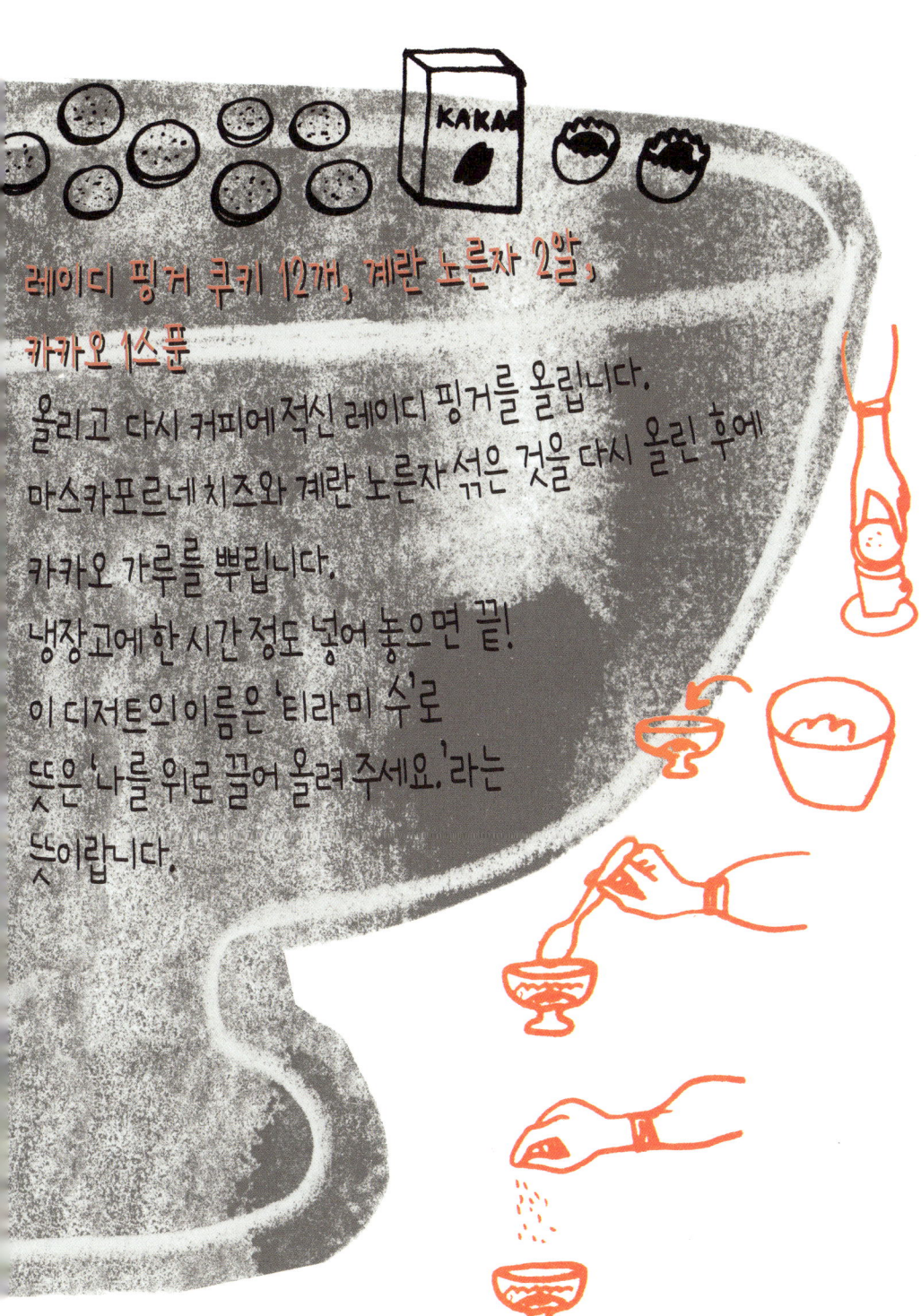

레이디 핑거 쿠키 12개, 계란 노른자 2알, 카카오 1스푼

올리고 다시 커피에 적신 레이디 핑거를 올립니다. 마스카포르네 치즈와 계란 노른자 섞은 것을 다시 올린 후에 카카오 가루를 뿌립니다.
냉장고에 한 시간 정도 넣어 놓으면 끝!
이 디저트의 이름은 '티라미수'로
뜻은 '나를 위로 끌어 올려 주세요.'라는
뜻이랍니다.

재료:
올리브유,
로즈마리 몇 가지,
어두운 색의 병

어두운 색의 병에 올리브유를 담고
로즈마리 가지들을 집어 넣습니다.
며칠 사이에 올리브유에서 로즈마리 향이 나고
로즈마리 맛도 날 거예요.
로즈마리 대신 바질이나 마늘, 고추 등
좋아하는 재료를 대신해도 됩니다.